Am Feldberg

Land und Leute

Der Schwarzwald ist das höchste Mittelgebirge in Süddeutschland. Er bietet seinen Besuchern eine vielfältige Auswahl großartiger Landschaftsbilder. Das bis 1500 m hohe Waldgebirge, dessen ursprünglich geschlossene Waldungen erst im Mittelalter durch Rodungen aufgelokkert wurden, steht heute mit belebten Tälern und meist einsamen bewaldeten Höhen im deutlichen Gegensatz zu der altbesiedelten, nur 200 m über dem Meeresspiegel liegenden Oberrheinischen Ebene an seiner Westseite wie auch zu den 400–700 m hoch gelegenen Getreideanbauregionen Gäuland und Baar, die nach Osten an den Schwarzwald anschließen.

Die Vielgestaltigkeit des aus Gneis, Granit und Buntsandstein aufgebauten Gesteinsmassivs hat den Schwarzwald seit Jahrzehnten zu einem immer beliebter werdenden Freizeit- und Feriengebiet gemacht. Er ist im Sommer wie im Winter das Ziel für Touristen aller Art, für Erholungsuchende ebenso wie für Wanderer und Wintersportler.

Eine Vielzahl von Fremdenverkehrseinrichtungen, die alljährlich ergänzt und verbessert werden, sorgt zusammen mit gemütlichen Unterkünften in jeder Preisklasse dafür, daß die Gäste sich überall wohlfühlen können und ausreichende Freizeitangebote vorfinden.

Lage und Größe

Der Schwarzwald liegt als langgestrecktes Mittelgebirge im südwestlichen Teil der Bundesrepublik Deutschland und gehört seiner Form und seinem Aufbau nach zum sogenannten Oberrheinischen Grabensystem (s. S. 4). Zusammen mit dem Odenwald bildet er die östliche Randbegrenzung der Oberrheinischen Ebene, die sich 30–50 km breit von Basel bis Mainz ausdehnt.

Von Norden nach Süden erreicht der Schwarzwald eine Länge von 160 km – von der Linie Ettlingen – Pforzheim bis zum Hochrheintal zwischen Lörrach und Waldshut. Seine Breite beträgt im Norden nur gut 25 km, im Süden dann etwa 60 km. Die höchsten Erhebungen mit fast 1500 m liegen im Südteil des Gebirgszuges; der Norden weist nur Höhen bis um 1100 m auf.

Der Rücken des Schwarzwaldes zeigt sich als wellige, von zahlreichen tief eingeschnittenen Tälern durchzogene Hochfläche, über der sich die Gipfel als flache Kuppen erheben. Im Gegensatz zu den westlich des Rheins gelegenen Vogesen ist der Schwarzwald so kein Kammgebirge, sondern ein stark gegliedertes Rumpfgebirge, dessen Wasserscheide dementsprechend einen sehr gewundenen Lauf zeigt.

Die Westgrenze des Schwarzwaldes ist durch den Steilabfall zur Oberrheinischen Ebene deutlich markiert. Vorgelagerte niedrigere Berge sind im Gegensatz zum Gebirge selbst intensiver kultiviert.

Weniger markant ist dagegen die östliche Grenze des Schwarzwaldes. Nach Osten flacht sich das Gebirge allmählich gegen Albvorland, Baar, Gäulandschaften und Klettgau ab. Für den Reisenden ist die Ostgrenze des Mittelgebirges dort erkennbar, wo infolge des Gesteinswechsels im Boden die Waldbedeckung aufhört und fruchtbare Ackerflächen anschließen.

Ebenso unscharf ist die Nordgrenze des Schwarzwaldes – etwa zwischen Ettlingen und Pforzheim –, wo dieser in das Hügelland des Kraichgaus übergeht. Im Süden fällt der Schwarzwald vor Dinkelberg und Hotzenwald wiederum ziemlich steil zum Hochrheintal ab.

Die geographische Unterteilung zeigt die folgende durch Gesteinsformen, Höhenlage und Oberflächengestaltung bedingte Dreigliederung:

Der Nördliche Schwarzwald

erstreckt sich zwischen den Linien Ettlingen – Pforzheim und Offenburg – Freudenstadt. Seine höchste Erhebung ist die Hornisgrinde mit 1164 m. Charakterisiert wird der Nordschwarzwald durch überwiegend siedlungsarme, mit ausgedehnten Nadelwäldern bestandene Gebiete, deren Boden hauptsächlich aus Buntsandstein besteht.

Der Mittlere Schwarzwald

liegt zwischen den Linien Offenburg – Freudenstadt und Freiburg – Titisee-Neustadt. Seine höchste Erhebung ist der Kandel mit 1241 m. Dieser Teil des Schwarzwaldes besteht vorwiegend aus ältesten Gesteinen wie Gneis und Granit. Westlich ist die Emmendinger Bergzone aus Sandstein und Kalkstein vorgelagert. Die flachwelligen Höhen des Mittleren Schwarzwaldes sind stärker besiedelt als der Nordschwarzwald und seine Waldflächen durch mehr Rodungen für Ackerland unterbrochen.

Die Beschreibung der nördlichen Hälfte des Mittleren Schwarzwaldes ist zusammen mit der des Nördlichen Schwarzwaldes im Band „Nordschwarzwald" enthalten, während der südlich der Linie Lahr – Triberg gelegene Teil gemeinsam mit dem Südlichen Schwarzwald in diesem Band beschrieben wird.

Der Südliche Schwarzwald

oder auch *Hochschwarzwald* dehnt sich südlich der Linie Freiburg – Titisee-Neustadt bis zum Hochrheintal aus. Er ist der landschaftlich abwechslungsreichste und reizvollste Teil des Mittelgebirges und wird vom 1493 m hohen Feldberg als der höchsten Erhebung des Schwarzwaldes beherrscht. Vom Feldberg gehen strahlenförmig mehrere Gebirgskämme aus; bekannte Gipfel dieses Gebietes sind Belchen, Blauen und Schauinsland. Der Hochschwarzwald ist ebenfalls aus Gneis und Granit aufgebaut und von vielen tief eingeschnittenen Tälern durchzogen. Wegen seiner vielgestaltigen Landschaftsform ist der Südteil des Schwarzwaldes das am meisten besuchte Erholungs- und Wintersportgebiet des Mittelgebirges.

Politisch gehört der ganze Schwarzwald zum Bundesland Baden-Württemberg. Als Hauptzufahrtrouten dienen die Verkehrswege des Rheintals, vor allem die Autobahn- und Eisenbahnstrecken Karlsruhe – Basel. Von den Straßen des Schwarzwaldes ist die Höhenstraße besonders zu erwähnen, die als B 500 das Mittelgebirge von Norden nach Süden durchzieht. Einige der Schwarzwälder Bahnstrecken wie die Kinzigtalbahn und die Murgtalbahn gelten als technische Sehenswürdigkeiten.

Bodengestalt

Dem Reisenden, der mit der Eisenbahn oder auf der Autobahn von Norden nach Süden durch die Oberrheinische Ebene fährt, wird die Spiegelbildlichkeit der Randgebirge, Schwarzwald und Vogesen, auffallen. Diese Gebirge waren im Erdaltertum (Paläozoikum) und im Erdmittelalter (Mesozoikum) miteinander verbunden. Das sie aufbauende Gesteinsmaterial (Gneise, kristalline Schiefer, Granite) wurde in der Urzeit der Erde (Proterozoikum) gebildet; damals entstanden auch die zahlreichen Erzadern (Zinkblende, Bleiglanz, Silbererz). Im Lauf der langen erdgeschichtlichen Zeiträume wurde das ganze Gebiet durch mächtige Ablagerungen (Sedimente) überdeckt, die vom Buntsandstein bis zum Malmkalk (Trias und Jura des Erdmittelalters) reichten.

Erst in der Erdneuzeit (Känozoikum; im älteren Tertiär, das heißt vor etwa 50 Millionen Jahren) setzte, einhergehend mit starkem Vulkanismus, die endgültige Bildung des Oberrheingrabens, die Herauswölbung der Randgebirge und damit die Zerreißung des ursprünglich verbundenen Raumes ein. Diese Zerrungs- und

POLYGLOTT-REISEFÜHRER

Südschwarzwald

Mit 20 Illustrationen
sowie 14 Karten und Plänen

ALLGEMEINES

STADTBESCHREIBUNGEN

REISEROUTEN

POLYGLOTT-VERLAG

MÜNCHEN

Herausgegeben von der Polyglott-Redaktion
Verfasser: Jürgen E. Rohde
Einleitung unter Verwendung von Textteilen von Prof. Dr. Franz Fresle
Illustrationen: Vera Solymosi-Thurzó
Karten und Pläne: Gert Oberländer
Umschlag: Toni Blank

*

Wir danken dem Fremdenverkehrsverband Schwarzwald und den örtlichen Verkehrsämtern für die uns bereitwillig erteilten Hinweise und Informationen.

Ergänzende Anregungen, für die wir jederzeit dankbar sind,
bitten wir zu richten an:
Polyglott-Verlag, Redaktion, Postfach 401120, 8000 München 40.

Alle Angaben (ohne Gewähr) nach dem Stand September 1988.

*

Zeichenerklärung:

Informationen Eisenbahnverbindungen Autobusverbindungen
Flugverbindungen Schiffsverbindungen
Erstklassige Hotels Gute Hotels Einfache Hotels und Pensionen
Jugendherbergen Campingplätze Hallenbäder Freibäder

Die im Text bei Sehenswürdigkeiten in eckige Klammern gesetzten Ziffern decken sich mit den auf den jeweiligen Plänen angegebenen Ziffern.

Kilometerangaben hinter Ortsnamen zeigen die Entfernung vom Beginn der jeweiligen Route aus an.

Farbige Ziffern am Seitenrand weisen auf die Routennummern hin.

*

Wertung der Sehenswürdigkeiten:

** kennzeichnen bedeutende Landschaften, Orte, Gebäude oder Kunstwerke. Um sie zu sehen, lohnt sich ein Umweg.

* kennzeichnet sehenswerte Objekte, die man in einem Land, in einem Ort oder an einem Gebäude beachten soll.

*

3. Auflage · 1988/89

Printed in Germany / Druckhaus Langenscheidt, Berlin / Lw. XI. Zz.
ISBN 3-493-60638-9

Heraushebungsvorgänge der Randgebirge (Bildung von Schwarzwald und Vogesen) standen im Zusammenhang mit der Entstehung der Alpen und sind Teil eines großen europäischen Grabensystems, das sich vom Mittelmeer bis nach Norwegen erstreckt.

Schwarzwald und Vogesen wurden in dieser erdgeschichtlichen Periode in verschiedenen Etappen gleichsam als schildartige Aufbeulungen in die Höhe bewegt. Das nicht gehobene Gebiet wurde zum Graben, der sich mit Geröllablagerungen aus kleineren Meeren und mit Abtragungsmaterialien aus den Randgebirgen auffüllte. Durch die Heraushebung und Schiefstellung der Randgebirge wurden die darüber lagernden mächtigen Gesteinsschichten aus früheren Erdepochen (Buntsandstein, Muschelkalk usw.) abgetragen; dadurch entstanden östlich des Schwarzwalds das süddeutsche Schichtstufenland (bestehend aus Geländestufen) und westlich der Vogesen das lothringische Schichtstufenland. Im Grabeninnern durchbrachen einzelne Schollen (Erdrindenstücke) den mit Geröll bedeckten Untergrund. Diese bilden die heutige „Vorbergzone", die unmittelbar dem Westabfall des Schwarzwald vorgelagert ist (z. B. Offenburger, Emmendinger, Müllheimer Vorbergzone, Dinkelberg).

Gleichzeitig mit der Entstehung des Oberrheingrabens erfolgten ost-westlich gerichtete Zerrungen, die zur Bildung der verschiedenen Quertäler des Schwarzwalds führten (z. B. Kinzigtal, Freudenstädter Graben, Höllental, Bonndorfer Graben). Auf einer solchen Ost-West-Zerrung sitzen westlich des Schwarzwalds der Kaiserstuhlvulkanismus und östlich des Schwarzwalds der Hegauvulkanismus auf.

Die starke Aufwölbung des Südlichen Schwarzwalds führte hier zu einer völligen Abtragung der ehemals vorhandenen deckenden Gesteinsschichten; hier ist das Grundgebirgsmaterial (Gneis, Granit) völlig entblößt. Die geringere Herauswölbung und Schiefstellung des heutigen Nördlichen Schwarzwalds ließ dort die Deckschichten zumindest zum Teil noch erhalten bleiben (Buntsandsteinflächen, die heute von ausgedehnten Wäldern eingenommen sind).

Die einheitlichen Oberflächenformen des Oberrheingrabens und die Vielfältigkeit der Formen im Schwarzwald sind das Ergebnis der erdgeschichtlich neuesten Zeit. Während der Eiszeiten und Zwischeneiszeiten (Pleistozän, 600000 bis 10000 v. Chr.) erfolgte die restliche Aufschotterung (Auffüllung mit Geröllschutt) und Einebnung des Grabens durch Rhein, Schwarzwald- und Vogesenflüsse. In dieser Erdepoche erhielten vor allem der Südliche Schwarzwald und seine Täler durch die Vereisung (Gletscher) ihre heutige Gestalt. Viele Spuren weisen noch auf diese eiszeitlichen Vorgänge hin, zum Beispiel Moränen (Gletscherablagerungen), zu Rundhöckern abgeschliffene Felspartien, Gletscherschliffe, Blockhalden, Kare (Felsnischen), Seen wie Titisee, Mummelsee und Feldsee usw.

Die großen Bruch- und Verschiebungsbewegungen im Bereich des oberrheinischen Grabensystems sind immer noch nicht zum Abschluß gekommen; dies beweisen Erdbeben in diesem Raum (1356 wurde Basel zerstört; der Südschwarzwald wurde 1911, 1926, 1943 und 1978 erschüttert).

Zum Schwarzwald zählen nur die Gebiete, deren Untergrund aus Gneis, Granit (Grundgebirge) oder Buntsandstein (Deckgebirge) besteht. Wo der Bunt-

GEOLOGISCHER QUERSCHNITT: SÜDSCHWARZWALD

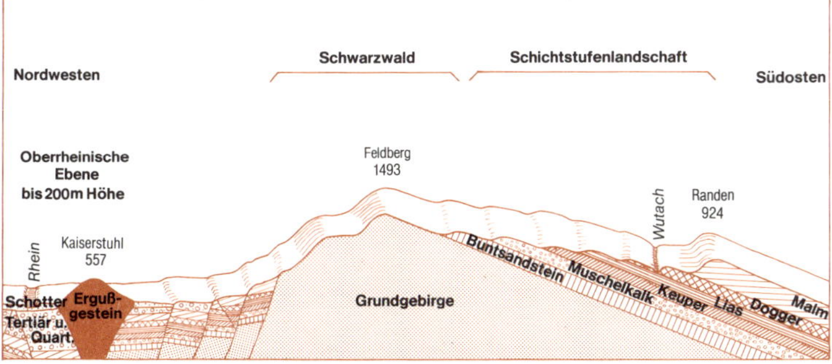

sandstein im Osten des Gebirges aufhört, ist der Schwarzwald im geographischen Sinn zu Ende (Wechsel von Wald zum Ackerland).

Gewässer

Auf dem Schwarzwald verläuft die europäische Hauptwasserscheide. Die nach Westen und Süden abfließenden Gewässer, unter ihnen Murg, Oos, Acher, Rench, Kinzig und Wutach entwässern zum Rhein und damit in die Nordsee, Breg und Brigach fließen ostwärts zur Donau und somit weiter in das Schwarze Meer.

Der hohe Niederschlag im Gebiet des Schwarzwaldes führt zu einer relativ großen Flußdichte. Die Schwarzwaldflüsse sind allerdings nicht schiffbar, wurden aber in früheren Zeiten häufig für die Holzflößerei genutzt. Nur der Seitenkanal des Rheins wird heute von Flußschiffen befahren.

Die Seen des Schwarzwaldes (Schluchsee und Titisee sind die größten und bekanntesten) sind eiszeitlichen Ursprungs und zum Teil künstlich aufgestaut. Sie dienen auf diese Weise der Energiegewinnung wie zum Beispiel im Bereich des Pumpspeicherwerks Schluchsee.

Klimaverhältnisse

Der Schwarzwald hat ein vom Meer beeinflußtes Mittelgebirgsklima. Die Sommer sind verhältnismäßig kühl, die Winter sind entsprechend mild. Nur die höchsten im Süden gelegenen Teile des Mittelgebirges haben ein etwas rauheres Klima. Das Schwarzwaldklima steht in starkem Gegensatz zum Klima der Oberrheinischen Ebene, die mit einem Jahresmittel um 10° C als das wärmste Gebiet Deutschlands gilt. Andere Wetterverhältnisse herrschen oft im Herbst und Winter bei anhaltenden Hochdrucklagen; dann liegt in der Oberrheinebene häufig ein „Kaltluftsee", der sich als dickes Nebelmeer bis in 900 m Höhe zeigt, während es darüber auf den Schwarzwaldhöhen sonnig und milder ist. An solchen Tagen hat man von den Höhen eine besonders schöne Fernsicht.

Titisee

Die Niederschläge im Schwarzwald sind hoch. Sie betragen im Jahresdurchschnitt bis zu 2100 mm. Die Rheinebene mit der Vorbergzone und die im Regenschatten östlich anschließenden Regionen sind mit nur 600–900 mm wesentlich trockener. Die winterlichen Niederschläge führen zur Bildung einer häufig erheblichen Schneedecke, die alljährlich in Höhen über 800 m beste Voraussetzungen für Wintersport von Anfang Dezember bis Mitte März schafft.

Flora und Fauna

Über die Hälfte der Schwarzwaldfläche ist mit Wald bedeckt, wobei drei Viertel Nadelwälder, der Rest Laub- und Mischwälder sind. Die fast vollständig gerodeten Nachbarräume werden im Westen, in der Rheinebene, überwiegend für den Anbau von Wein und Obst, auf der Ostseite, in der Baar und den Gäuen, für die landwirtschaftliche Produktion von Getreide genutzt.

Im unteren Bergwald, der bis 900 m hinaufreicht, herrschen Buche und Tanne vor; hier sind auch häufig Mischwälder anzutreffen. Beerensträucher, Farne, Heidekraut und Moose gedeihen ebenfalls in dieser Region. Im oberen Bergwald, also über 900 m, wächst vor allem die Fichte (Rottanne). Die Fichtenwälder gehen an der Ostgrenze des Mittelgebirges in Kiefernwälder über.

Die alpine Zone der Flora wird nur auf den höchsten Gipfeln des Südschwarzwaldes und im Nordschwarzwald auf der Hornisgrinde (1164 m) erreicht; dort findet man Alpenrose, Arnika, Gelben Enzian und ähnliche Gebirgspflanzen. Die weitgehende Waldlosigkeit der meisten Gipfel wurde durch die jahrhundertelange Weidenutzung dieser Flächen verursacht.

Interessant ist die Flora der zahlreichen Moore, wo u. a. Rauschbeere, Sonnentau und Wollgras wachsen.

In den Wäldern lebt Niederwild und Schwarzwild. Rotwild gibt es nur im Hornisgrinde-, Murg-, Schluchsee- und Albgebiet. Die im Feldberggebiet in den dreißiger Jahren ausgesetzten Gemsen haben sich stark vermehrt und sind dort in Rudeln zu beobachten. Die Schwarzwaldbäche liefern vor allem für die Speisekarten der Landschaft die vielbegehrten Forellen.

Besiedlung

Trotz gewisser volkstümlicher Unterschiede findet man in fast allen Teilen des Schwarzwaldes die gemeinsamen Siedlungsformen von Einzelhöfen, Weilern und Waldhufendörfern.

Charakteristisch ist für das ganze Gebirgsland das Schwarzwaldhaus, ein geräumiges alemannisches Einheitshaus mit Wohnung, Wirtschaftsräumen und Viehställen unter einem weit vorspringenden Walmdach. Das auf einem Steinfundament stehende Haus ist sonst ganz aus Holz erbaut, das früher übliche Strohdach inzwischen durch Holzschindel- oder Ziegeldach ersetzt. Eine Hanglage ermöglicht oft die Einfahrt der landwirtschaftlichen Fahrzeuge vom Berg direkt in die große Scheune unter dem Dach.

Das Schwarzwaldhaus ist in verschiedenen Gebirgsteilen auch abgewandelt, wie man z. B. im Hotzenhaus (Hotzenwald-Haus), im Schauinsland-Haus oder im Zartener Haus erkennen kann.

Kleinere Städte, deren Entwicklung besonders durch die Industrialisierung im 19. Jahrhundert begünstigt wurde, liegen ebenso wie die wenigen Großstädte am Rande oder in den Tälern.

Wirtschaft

Die wichtigsten Erwerbsquellen sind im ganzen Schwarzwald heute Holz- und Viehwirtschaft sowie der Fremdenverkehr. Charakteristisch sind in allen Teilen der Landschaft Sägewerke und holzverarbeitende Industriebetriebe.

Ein wichtiger Erwerbszeig war vom 13. bis ins 18. Jahrhundert der Bergbau, in dessen Gefolge hier zahlreiche metallverarbeitende Betriebe entstanden. Der Rückgang dieser Gewerbe, die Kargheit des Bodens, die Höhenlage und ein Bevölkerungsdruck zwangen zur Suche nach weiteren Erwerbsquellen, und so entstand im 17. Jahrhundert die Schwarzwälder Heimindustrie vor allem mit Uhren- und Spielzeugherstellung. Aus diesen Kleingewerben sind dann im Laufe der Zeit zum Teil beachtliche Fabrikationsbetriebe der feinmechanischen und elektrotechnischen Industrie entstanden, die sich heute oft noch auf Heimarbeit stützen. Zur Energiegewinnung wird in diesem Gebiet vielfach die Wasserkraft genutzt.

Furtwangen: Im Deutschen Uhrenmuseum

Im 19. Jahrhundert begann die Erschließung des Schwarzwaldes für den Fremdenverkehr. Begünstigt durch das Vorkommen etlicher Mineralquellen, entwickelten sich Heil- und zahlreiche Luftkurorte auch im Mittleren und Südlichen Schwarzwald. Fast alle Gemeinden haben sich auf diesen Erwerbszweig eingestellt. Ende des 19. Jahrhunderts hielt der Wintersport Einzug in den Schwarzwald, und zwar mit der Gründung eines ersten deutschen Skiklubs in Todtnau im Jahr 1891.

Landwirtschaft

Während die Taleingänge im Westen und die Gäulandschaften auf der Ostseite des Schwarzwaldes intensive Bewirtschaftung aufweisen, trifft man im Gebirgsraum selbst nur auf wenig Ackerbauflächen. Dies ist durch die kühle und feuchte Höhenlage ebenso bedingt wie durch nährstoffarme Böden und zum Teil auch ungünstige Hanglagen. In diesen Gebieten sind eine ertragreiche Viehwirtschaft sowie die Holz- und Forstnutzung Haupteinkommensquellen der ländlichen Bevölkerung.

Mehr als 50% der Gesamtfläche des Schwarzwaldes werden vom Wald eingenommen, der zum Teil privatwirtschaftlich, aber auch auf Gemeindebasis oder von Großgrundbesitzern (Staat, Kirche) genutzt wird.

Der Schwarzwälder Bauer hat sich in den letzten Jahren mehr und mehr auf die Erfordernisse des Europäischen Marktes eingestellt und spezialisert sich auf Viehwirtschaft, Waldnutzung oder Saatgutzucht. Im ganzen gesehen wird die landwirtschaftliche Nutzfläche des Schwarzwaldes mit der Zeit kleiner zugunsten von Wald und Weide.

Bevölkerung

Schon im 5. Jahrhundert waren die Randlandschaften des Schwarzwaldes von Kelten bewohnt, die sich dann im ersten vorchristlichen Jahrhundert mit eindringenden Römern vermischten. Diese nutzten bereits die heilkräftigen Mineralquellen am westlichen Gebirgsrand, so auch die Thermen von Badenweiler.

Die Höhen des Schwarzwaldes, der wie eine Insel im „Zehntland" lag, blieben zunächst noch unbesiedelt. Erst während der Völkerwanderungszeit drangen westgermanische Stämme auch in seine Randgebiete ein, die Rheinfranken im Norden und die Alemannen im Süden. Vermutlich zogen sich damals Reste der älteren kelto-romanischen Bevölkerung weiter ins Gebirge zurück.

Um das Jahr 1000 begann die planmäßige Rodung und Besiedlung des ganzen Schwarzwaldes, ausgelöst durch die Vergabe von Land seitens der Grundherren sowie durch die Gründung von Benediktinerklöstern. In einigen Teilen des Gebirges wurde die Besiedlung auch durch die Entdeckung von Erzlagerstätten (Silber-, Zink- und Bleierze) gefördert.

Sprache

Die vorwiegend alemannische Stammeszugehörigkeit der Schwarzwaldbewohner zeigt sich auch in ihrer Sprache. Es ist dabei zu unterscheiden zwischen dem weicheren „Niederalemannisch" nördlich der Linie Singen – Staufen und dem gutturalen, härteren „Hochalemannisch" südlich der genannten Linie.

Das Alemannische ist eine Volkssprache, die mit ihren Doppellauten dem Mittelhochdeutschen nähersteht, als der heutigen Schriftsprache. Johann Peter Hebel (1760–1826) und Heinrich Hansjakob (1837–1916) haben durch ihre Werke dem Alemannischen Eingang in die Literatur verschafft.

Brauchtum

Die alten Schwarzwälder Volkstrachten werden heute noch in einigen Gegenden

Kommunionskinder in St. Peter

an Sonn- und Feiertagen, zur Kirchweih oder bei Hochzeiten getragen. Im Süden sind sie jedoch häufiger anzutreffen als im Norden. Dabei lassen sich mehrere Trachtengebiete abgrenzen.

Den Trachten vom Hochschwarzwald, Elz-, Glotter- und Gutachtal, von St. Georgen und (teilweise) Baar ist der „Schnapphut" gemeinsam, dessen schönste und auffälligste Form der „Bollenhut" der Gutacherinnen ist.

Die tiefe Religiosität der meisten Schwarzwälder zeigt sich im Haus, wo in der Stube das Kruzifix im „Herrgottswinkel" hängt. Am Dreikönigstag wird das Haus durch Anschreiben der heiligen Namen (C+M+B) über dem Eingang geweiht, man holt „Dreikönigswasser" und Sternsinger ziehen von Hof zu Hof. Am Palmsonntag tragen die Jungen einen „Palmen" (mit Bändern geschmückte Stangen) in die Kirche. Am Fronleichnamstag finden überall Prozessionen statt, an Christi Himmelfahrt die sogenannten „Flurprozessionen".

Lebendiges Brauchtum erlebt man auch bei den Volksfesten wie beim „Hans-Thoma-Tag" in Bernau, beim „Laurenzitag" (Hirtentag) auf dem Feldberg und beim „Roßfest" in St. Märgen oder überhaupt bei der „Kilbi", dem Kirchweihfest. Die alemannische „Volksfasnet" (Bonndorf, Elzach, Laufenburg, Villingen-Schwenningen, Waldshut) mit ihren urtümlichen Formen zur Vertreibung der Wintergeister, interessanten Kostümen und zum Teil künstlerischen Holzmasken, den „Larven", hat mit dem in anderen Gebieten üblichen Karneval wenig gemein.

Geschichtlicher Überblick

20000–1800 v. Chr. (Steinzeit). In dieser Zeit erfolgte das erste Auftreten und Seßhaftwerden von Menschen im Vorland des Mittelgebirges.

Ab 800 v. Chr. (Eisenzeit) dringen, wie zahlreiche Funde zeigen, Kelten in die unteren Abschnitte der Schwarzwaldtäler ein.

58 v. Chr. Nach dem Sieg Cäsars über die keltischen Helvetier beginnt auch in diesem Gebiet die Herrschaft der Römer.

74 n. Chr. wird mit dem Bau des römischen Grenzwalls „Limes" gegen die vordrängenden Germanen zur Sicherung des „Zehntlandes" (Agri decumates) begonnen. Im Vorland des Schwarzen Waldes (Silva nigra) entstehen römische Siedlungszentren u. a. auch in Badenweiler, Breisach, Hüfingen und Riegel. Eine römische Militärstraße quert den Schwarzwald durch das Kinzigtal, aber das Innere des Gebirgsraumes ist immer noch unbesiedelt.

260 durchbrechen germanische Alemannen den Limes und verdrängen die Römer aus dem Dekumatenland. Diese Alemannen bilden die Grundlage für die heutige Bevölkerung im südlichen Oberrheingebiet sowie im oberen Neckarland.

496 besiegen die von Norden unter Chlodwig vordrängenden Franken die Alemannen, die dabei aus dem nördlichen Schwarzwaldvorland verdrängt werden. Der Schwarzwald selbst ist auch um diese Zeit immer noch unbesiedelt.

Nach 600 breitet sich im Gebiet des Schwarzwaldvorlandes das Christentum aus. Iro-schottische und fränkische Missionare, wie die Heiligen Columban, Fridolin, Gallus, Pirmin und Trudpert, bekehren die alemannisch-schwäbische und die fränkische Bevölkerung.

Nach 1000 beginnt die erste Erschließung des eigentlichen Schwarzwaldes, jedoch geht die Kolonisation nur sehr langsam voran, da die Ungunst der Boden- und Klimaverhältnisse die Besiedlung erschwert.

Um 1150 läßt die Entdeckung von Erzlagerstätten mit Bleiglanz, Eisen, Kobalt, Silber und Zinkblende den Bergbau im Schwarzwald entstehen.

Um 1525 bringt die Reformation dem Gebiet zur territorialen Zersplitterung auch noch die konfessionelle Spaltung. Die kleineren markgräflichen durlachschen und herzoglich württembergischen Landesteile werden protestantisch, während die größeren vorderösterreichischen und markgräflich badischen Gebiete katholisch bleiben, eine Aufteilung, die sich weitgehend bis in die Gegenwart erhalten hat.

1618–1648 Dreißigjähriger Krieg. Diese Auseinandersetzung und die französischen Reunionskriege in der Folgezeit, zu deren Abwehr auf den Schwarzwaldhöhen eine Verteidigungslinie errichtet wird, schlagen Land und Bewohnern tiefe Wunden. Einige Schwarzwaldgemeinden werden in dieser Zeit völlig ausgelöscht.

1848/49 geht die Revolution von Südwestdeutschland aus und wird von den Schwarzwäldern unter Hecker und Struve mitgetragen.

1871 wird Baden Mitglied des Deutschen Reiches. Eine danach einsetzende Wirtschaftsblüte erfaßt allerdings den Schwarzwaldraum nur in geringem Maße.

1939–1945 Der Zweite Weltkrieg bringt vor allem in der Endphase auch einigen Schwarzwaldgebieten schwere Zerstörungen (Freiburg im November 1944, Sprengung der Ravennabrücke im März 1945, Freudenstadt im April 1945). – Nach dem Zusammenbruch gehört der Schwarzwald zur französischen Besatzungszone.

1946/47 Nördlich der Autobahn Karlsruhe–Ulm entsteht in der amerikanischen Besatzungszone der Staat Württemberg-Baden mit der Hauptstadt Stuttgart, während südlich dieser Abgrenzung im französisch besetzten Gebiet die Staaten Baden mit der Hauptstadt Freiburg und Württemberg-Hohenzollern mit der Hauptstadt Tübingen gebildet werden.

1952 kommt es dann nach langen Verhandlungen zur Schaffung des Bundeslandes Baden-Württemberg mit der Hauptstadt Stuttgart und der Einteilung in die Regierungsbezirke Freiburg, Karlsruhe, Stuttgart und Tübingen.

1971–1974 erfolgt im Zuge der großen Gebietsreform auch im Schwarzwald eine Neugliederung der Landkreise.

So abwechslungsreich und vielgegliedert das Landschaftsbild im Südwesten Deutschlands ist, so vielgesichtig sind auch die Kunstschätze und Baudenkmäler dieses Raumes.

Die Schwarzwaldlandschaften lagen in den kulturell sehr unterschiedlichen Einflußbereichen der umliegenden Bistümer und Fürstentümer. So waren die nördlichen Teile des Schwarzwaldes fränkischer Kulturraum und gehörten später zum geistigen und künstlerischen Ausstrahlungsfeld der Bistümer Speyer und Würzburg. Weiter südlich findet man die Einflüsse des Bistums Straßburg und damit elsässischen Kunstschaffens, was sich auch weit ostwärts noch bemerkbar macht. Die hochgelegene Baar befand sich im Einflußbereich des oberschwäbischen Kulturkreises, der einst vom Bistum Konstanz bestimmt wurde und Verbindung zum österreichischen Kulturraum zeigt. Auch am Oberrhein finden sich Zeugen dieses österreichischen Kunstschaffens. Schließlich ist auch noch der Einfluß des Bistums Basel in den Kunstwerken der äußersten Südwestecke des Gebietes spürbar. Einen gemeinsamen Ausdruck in ihrem Kunstschaffen aber haben die verschiedenen Schwarzwaldlandschaften in den vergangenen Zeiten nicht gefunden.

Architektur

Im 10. und 11. Jahrhundert wurde die Kulturgeschichte des Schwarzwaldes vor allem von den zahlreichen Klöstern geprägt. Zu den bedeutendsten Bauwerken des romanischen Baustils gehört die Klosterkirche St. Cyriak in Sulzburg, die aus ottonischer Zeit stammt.

Die gotische Baukunst hielt, bedingt durch die Nachbarschaft Frankreichs, frühen Einzug in die Schwarzwald-Region, wovon noch heute viele Baudenkmäler zeugen. Zahlreiche Klöster und Kirchen wurden im gotischen Stil errichtet oder erweitert. Das großartigste Beispiel dieser Epoche ist das Freiburger Münster.

Zur selben Zeit spielte auch der Profanbau eine bedeutende Rolle, wie man im zum Teil noch mittelalterlich wirkenden Bild etlicher Schwarzwald-Städte mit ihren prächtigen Rathäusern und reichgeschmückten Patrizierhäusern sowie alten Befestigungen mit Wehrgängen und Türmen erkennen kann. Um nur zwei Beispiele zu nennen: Villingen-Schwenningen und Waldshut-Tiengen.

Breisach: Hochaltar des St.-Stephans-Münsters

Beachtenswert sind die Burgen und Schlösser aus verschiedenen Jahrhunderten, die es sowohl im Schwarzwald selbst als auch in den Randlandschaften recht zahlreich gibt (s. S. 12).

Die Barockzeit hinterließ im Bereich des Schwarzwaldes viele Kirchenbauten, während man klassizistische Bauwerke vor allem in Freiburg und St. Blasien findet.

Zeugen der Baukunst des 20. Jahrhunderts sind besonders die nach den Kriegszerstörungen in Freiburg neu entstandenen Universitätsgebäude, wie das neue Kollegien- und etliche Institutsgebäude.

Bedeutende Kunstschätze

Von den über das ganze Gebiet des Südschwarzwaldes verstreuten Kunstschätzen können hier nur einige wenige als kleine Auswahl erwähnt werden. So im Breisacher Münster St. Stephan ein prachtvoller Schnitzaltar (16. Jh.), im Freiburger Augustinermuseum die Tafel „Maria Schneewunder“ aus dem Flügelbild eines Grünewald-Altars sowie ein kostbares Altar- und Vortragekreuz (14. Jh.) aus dem Kloster Adelhausen, originelle Zähringer-Statuen in der Barockkirche von St. Peter, ein silbernes Vortragekreuz (12. Jh.) in St. Trudpert und ein gewaltiger romanischer Taufstein im Pfarrhausgarten von St. Ulrich.

Museen und Sammlungen

Die Zahl der – von Freiburg abgesehen – meist kleineren, aber deshalb oft nicht weniger interessanten Museen und Sammlungen im Bereich der Südhälfte des Schwarzwaldes ist erstaunlich groß. So zählt man hier mehr als 35 museale Standorte mit rund 60 Ausstellungsplätzen. Sie sind in alphabetischer Reihenfolge der Ortsnamen zusammengestellt.

Bad Krozingen: *Sammlung Historischer Tasteninstrumente*, Schloß.

Bad Säckingen: *Hochrhein-Museum*, Schloßpark.

Bernau: *Resenhof-Bauernmuseum; Hans-Thoma-Gemälde-Museum*, Rathaus im Ortsteil Innerlehen.

Bonndorf: *Kreismuseum*, Schloß, Schloßstraße; *Schloß-Narrenstuben*, Schloßstraße.

Bräunlingen: *Gemäldegalerie*, Blaumeerstr. 12.

Breisach: *Breisgau-Museum*, Münsterbergstr. 21.

Donaueschingen: *Fürstenberg-Sammlungen*, Karlsplatz 7.

Emmendingen: *Städtisches Heimatmuseum*, Markgrafenschloß, Kirchstr. 7; *Museumsbahnhof*, Kollmarsreuter Straße.

Endingen: *Heimatmuseum*, Marktplatz 1.

Freiburg: *Augustinermuseum*, Salzstr. 32; *Museum für Naturkunde*, Gerberau 322; *Museum für Völkerkunde*, Adelhauserstr. 33; *Museum für Ur- und Frühgeschichte*, Colombischlößchen; *Zunfthaus der Breisgauer Narrenzunft*, Turmstraße 14; *Kleines Schmuckmuseum*, Liebigstraße 11; *Rumänisches Forschungsinstitut*, Uhlandstr. 7; *Zinnfigurenklause*, Schwabentor; *Städtisches Museum für neue Kunst*, Marienstr. 10a.

Furtwangen: *Deutsches Uhrenmuseum*.

Görwihl: *Heimatmuseum*.

Grafenhausen: *Heimatmuseum Hüsli*, Ortsteil Rothaus.

Haiterbach: *Heimatmuseum*.

Herrischried: *Klausenhof-Hotzenhof*, Ortsteil Großherrischried.

Kenzingen: *Oberrheinische Narrenschau; Ausstellung zur Kenzinger Stadtgeschichte*.

Lahr: *Geroldsecker Museum* im Storchenturm, Markt Ecke Kreuzstr.; *Museum für Ur- und Frühgeschichte*, Dinglinger Hauptstr. 54; *Museum im Stadtpark*, Kaiserstr. 101.

Lörrach: *Museum am Burghof*, Basler Str. 143.

Müllheim: *Markgräfler Wein- und Heimatmuseum*, Wilhelmstraße.

Münstertal: *Bienenkundemuseum*, Spielweg; *Besuchsbergwerk Teufelsgrund*, Mulden; *Waldmuseum*, Wasen 47.

Neubulach: *Historisches Silberbergwerk*, Hella-Glückstollen; *Mineralienausstellung*, Marktplatz 1 (Vogtei).

Neuweiler: *Heimatmuseum*, Marktstr. 2.

Oberried: *Schniederlehof-Bauernhausmuseum*.

Schliengen: *Trotten-Freilichtmuseum*.

Schopfheim: *Heimatmuseum*, Wallstr. 6 (Hirtenhaus).

Schuttertal: *Heimatmuseum „S'Buchholze Hüsli"*, Laulisgraben 4a.

Seebach: *Heimatmuseum Vollmers Mühle*, Hilsenhof 1.

Steinach: *Heimatmuseum*, Adlerplatz.

Sulzburg: *Landes-Bergbaumuseum Baden-Württemberg*, Hauptstr. 58.

Titisee-Neustadt: *Heimatstuben*, Scheuerlenstr. 31.

Triberg: *Schwarzwaldmuseum*, Wallfahrtstr. 4.

Villingen-Schwenningen: *Bauernmuseum Mühlhausen*, Tuninger Str. 9a; *Heimatmuseum und Stadtchronik*, Kronenstr. 16; *Heimatstube Herzogenweiler*, Glaserstr. 4 (Rathaus); *Franziskaner-Museum*, Villingen, Rietstr. 39; *Museum Altes Rathaus*, Villingen, Rathausgasse.

Vogtsburg: *Kaiserstühler Weinbaumuseum*, Schloßbergstraße.

Waldachtal-Lützenhardt: *Heimatmuseum*.

Waldkirch: *Elztäler Heimatmuseum*, Kirchplatz 14.

Weil am Rhein: *Heimatmuseum*, Lindenplatz 1.

Aussichtspunkte

Feldberg (1493 m; höchster Schwarzwaldgipfel); *Seebuck* (1450 m; zweiter Feldberggipfel, Sessellift); *Herzogenhorn* (1415 m; südlicher Gipfel des Feldberg-Massivs); *Belchen* (1414 m; bei Schönau); *Schauinsland* (1284 m; bei Freiburg); *Hochkopf* (1263 m; bei Todtmoos); *Kandel* (1241 m; bei Waldkirch); *Hochfirst* (1190 m; bei Titisee); *Blauen* (1165 m; bei Badenweiler); *Brend* (1148 m; bei Furtwangen); *Stöcklewald* (1068 m; bei Schönwald); *Hohe Möhr* (983 m; bei Zell i.W.); *Brandenkopf* (934 m; bei Hausach); *Moosenwaldkapf* (879 m; bei Lauterbach).

Autofahrer

Für die Anreise mit dem *Autoreisezug* in den Schwarzwald bietet sich die Verladestation des Bahnhofs von Lörrach an, der Zielbahnhof von Autoreisezügen aus Berlin, Bremen, Düsseldorf, Hamburg, Hannover und Köln ist.

Autofahrer aus dem Flachland sollten bedenken, daß es auch im Mittelgebirge des Schwarzwaldes echte *Bergstraßen* gibt, die mit ihren häufig serpentinenartigen Kurven besondere Vorsicht erfordern. Dies gilt natürlich bei winterlichen Wetterverhältnissen in verstärktem Maße.

Für die auch in vielen Schwarzwaldorten aufgestellten *Parkuhren* sollte man sich stets mit ausreichendem Kleingeld (10- und 50-Pfennig- sowie 1-Mark-Stücke) versehen. Die erlaubten Parkzeiten differieren von 30 Minuten in einigen Einkaufsstraßen bis zu mehreren Stunden zum Beispiel auf Parkplätzen bei den Talstationen von Bergbahnen, größeren Freizeiteinrichtungen oder Abfahrtstellen für Schiffsausflüge, soweit dort nicht Parkwächter eingesetzt sind. In einigen Städten dieses Gebietes werden *Parkscheiben* verlangt.

Die telefonischen Anschlüsse der *ADAC-Pannenhilfen* werden alle auf die einheitliche Rufnummer 19211 umgeschaltet, so daß man sich in Zukunft nur noch diese eine Nummer für alle Orte im Bundesgebiet merken muß. Zu erreichen sind die örtlichen Pannendienste von außerhalb natürlich trotzdem nur mit der entsprechenden Vorwahl. Die Pannendienst-Zentralen sind meist rund um die Uhr besetzt, sonst wird der Anruf entweder automatisch zur nächsten dienstbereiten Zentrale weitergeschaltet oder ein Anrufbeantworter nennt die zu wählende Nummer.

Die für den Bereich dieses Bandes im Südschwarzwald zuständigen Pannendienste erreicht man in: Freiburg (0761) 19211 und in Villingen-Schwenningen (07464) ebenfalls 19211.

Die Servicewelle des Südwestfunks informiert täglich vom frühen Morgen bis zum späten Abend in zahlreichen aktuellen Durchsagen über Verkehrslage, Straßenzustand, Wetter usw. Der *Verkehrsfunk* ist im Bereich des Südschwarzwaldes am besten zu empfangen auf den UKW-Frequenzen 97,0 (westlicher) und 93,8 (östlicher Teil) mit der Bereichskennung E, die auch für die nördlichen Teile des Mittelgebirges unverändert gilt.

Burgen und Schlösser

In der folgenden alphabetischen Zusammenstellung nach den Namen der Orte, bei denen die Sehenswürdigkeiten liegen, machen wir auch auf die jeweiligen gastronomischen Möglichkeiten aufmerksam.

Badenweiler: Schloß Bürgeln (Schloßrestaurant); Zähringer Burgruine.

Bad Krozingen: Schloß mit Schloßkapelle.

Bad Säckingen: Schloß Schönau.

Betzweiler-Wälde: Burgruine Sterneck.

Bonndorf: Schloß.

Dornham: Schloß Leinstetten; Burgruinen Brandeck und Lichtenfels.

Ebringen: Ruine Schneeburg.

Ehrenkirchen: ehem. Wasserschloß.

Emmendingen: Burgruine Hochburg; Burgruine Landeck im Ortsteil Teningen.

Eutingen-Weitenburg: Schloß Weitenburg (Schloßhotel) im Ortsteil Weitingen.

Freiburg: Burgruine Zähringen.

Heitersheim: Malteserschloß.

Inzlingen: Wasserschloß (Schloßrestaurant).

Kandern: Ruine Sausenburg.

Kenzingen: Burgruinen Kirnberg und Lichteneck.

Küssaberg: Ruine Küssaburg im Ortsteil Kadelburg.

Laufenburg: Ruine Habsburg-Laufenburg.

Lauterbach: Burg Hohenschramberg.

Lenzkirch: Burgruine Urach im Ortsteil Saig.

Lörrach: Burgruine Rötteln (Burgschenke, Freilichtaufführungen).

Müllheim: Burgruine Neuenfels.

Neubulach: Burgruine Waldeck im Ortsteil Altbulach.

Neuhausen: Burg Steinegg im Ortsteil Steinegg.

Sasbach: Ruine Limburg; Burg Sponeck im Ortsteil Jechtingen.

Schallstadt: Schloß Ebringen.

Schenkenzell: Ruine Schenkenburg.

Schliengen: Schloß Bürgeln (Schloßrestaurant) im Ortsteil Obereggenen; Wasserschloß Entenstein (Rathaus).

Seelbach: Burgruine Lützelhard; Burgruine Hohengeroldseck im Ortsteil Schönberg.

Sexau: Ruine Hochburg.

Staufen: Schloß und Burgruine Staufen.

Vogtsburg im Kaiserstuhl: Burg Sponeck im Ortsteil Burkheim.

Vöhrenbach: Burgruine Neufürstenberg im Ortsteil Hammereisenbach.

Waldkirch: Kastellburg.

Waldshut-Tiengen: Schwarzenberger Schloß und Burgruine Küssaburg, in und beim Stadtteil Tiengen.

Wehr: Burgruinen Bärenfels und Werrach.

Campingplätze

Die Zahl der Camping-Möglichkeiten verdichtet sich im Bereich dieses Bandes in den Kreisen des Südlichen Schwarzwaldes, hier besonders im Breisgau-Hochschwarzwald-Kreis, der vom Rhein bis an den Ostrand des Mittelgebirges reicht, während im Südteil des Mittleren Schwarzwaldes nur relativ wenige Campingplätze existieren.

Bei allen Orts- und Routenbeschreibungen wird jeweils am Ende der Unterkunftsangaben mit dem Symbol (⛺) auf die wesentlichen Campinganlagen hingewiesen. Hier folgt eine nach Stadt- und Landkreisen geordnete Zusammenstellung der offiziellen Plätze in den genannten Kreisen.

Mittlerer Schwarzwald

Ortenaukreis in Ettenheim, Lahr, Steinach; *Schwarzwald-Baar-Kreis* in Furtwangen.

Südlicher Schwarzwald

Landkreis Emmendingen in Simonswald, Waldkirch; *Landkreis Breisgau-Hochschwarzwald* in Breisach am Rhein, Freiburg (5 Plätze), Hinterzarten (3 Plätze), Kirchzarten, Lenzkirch, Münstertal, Neuenburg am Rhein (2 Plätze), Oberried, St. Peter, Schluchsee, Staufen, Sulzburg, Titisee-Neustadt; *Landkreis Lörrach* in Bad Bellingen, Kandern, Lörrach, Schönau, Todtnau (2 Plätze), Zell im Wiesental; *Landkreis Waldshut* in Bernau, Dachsberg, Grafenhausen, Herrischried, Hohentengen am Hochrhein, Jestetten, Küssaberg, Stühlingen, Ühlingen-Birkendorf (2 Plätze), Waldshut-Tiengen (2 Plätze).

Flugverkehr

Die dem Schwarzwald nächstgelegenen Verkehrsflughäfen sind *Stuttgart-Echterdingen* und *Basel-Mulhouse*.

Heilbäder

Heilbäder: Bad Bellingen, Badenweiler, Bad Krozingen und Bad Säckingen;

Heilklimatische Kurorte: Hinterzarten, Höchenschwand, Lenzkirch, St. Blasien, Schluchsee, Schönwald, Titisee-Neustadt, Todtmoos und Triberg;

Kneippkurorte: Friedenweiler, St. Blasien, Titisee-Neustadt, Villingen-Schwenningen und Waldkirch.

Informationen

Überörtliche Informationen erteilen: *Fremdenverkehrsverband Schwarzwald*, Bertoldstr. 45, Postfach 1660, 7800 Freiburg, Tel. (0761) 31317; *Verkehrsgemeinschaft Mittlerer Schwarzwald-Ortenau*, Hauptstr. 28, 7620 Wolfach, Tel. (07834) 97534; *Verkehrsgemeinschaft „Feriendreieck im Mittleren Schwarzwald“*, Badstr. 1, 7831 Freiamt, Tel. (07645) 644; *Verkehrsgemeinschaft Elztal und Seitentäler,*, Rathaus, 7807 Elzach, Tel. (07682) 7990 und 80470; *Verkehrsgemeinschaft Kaiserstuhl-Tuniberg*, Postfach 1129, 7814 Breisach, Tel. (07667) 83227; *Verkehrsgemeinschaft Markgräflerland-Breisgau,* Postfach 7840, 7840 Müllheim, Tel. (07631) 5511; *Verkehrs-*

gemeinschaft Hochschwarzwald, Stadtstr. 2, 7800 Freiburg, Tel. (0761) 2187304; *Verkehrsgemeinschaft Südlicher Schwarzwald, Wiesental-Markgräflerland*, Palmstr. 3, 7850 Lörrach, Tel. (07621) 410439; *Verkehrsgemeinschaft Südlicher Schwarzwald, Hochrhein-Hotzenwald*, Postfach 1642, 7890 Waldshut-Tiengen, Tel. (07751) 86444.

Beim *Schwarzwaldverein*, Rathausgasse 33, 7800 Freiburg, Tel. (0761) 22794, erhält man gegen Kostenerstattung Wanderkarten und Wanderliteratur.

Jugendherbergen

Im Raum dieses Schwarzwaldführers gibt es eine Reihe von Jugendherbergen, die sich ziemlich gleichmäßig über alle Gebiete der Landschaft verteilen. Sie liegen in Altglashütten, Bonndorf, Breisach, Feldberg, Freiburg, Kandern, Lörrach, Menzenschwand, Rudenberg, Schluchsee, Stühlingen, Titisee-Neustadt, Todtnauberg, Triberg, Villingen und Wieden.

Kirchen und Klöster

Auf einige kunsthistorisch besonders sehenswerte Kirchen und Klöster sowie ihre Ausstattung ist schon im Abschnitt „Kunst und Kultur“ auf Seite 10 hingewiesen worden. Hier folgt für die speziell an Gotteshäusern interessierten Schwarzwald-Gäste eine kurzgefaßte Zusammenstellung von Orten mit besuchenswerten sakralen Gebäuden im Gebiet des Südschwarzwaldes.

Bad Krozingen: Glöcklehof-Kapelle.

Bad Säckingen: Fridolinsmünster.

Breisach: St.-Stephans-Münster.

Breitnau-Höllsteig: St.-Oswald-Kapelle.

Elzach: St.-Nicolai-Kirche.

Ettenheim: Stadtkirche.

Ettenheimmünster: Wallfahrtskirche.

Freiburg: Münster Unserer Lieben Frau; St.-Martins-Kirche. – Adelhauser Kloster.

Hausach: Pfarrkirche in Hausach-Dorf.

Herbolzheim: Pfarrkirche.

Hinterzarten: Alte Pfarrkirche.

Kenzingen: St.-Laurentius-Kirche.

Kirchzarten: St.-Gallus-Kirche; St.-Laurentius-Wallfahrtskapelle.

Lörrach: Stadtkirche; St.-Fridolins-Kirche.

Oberried: Ehemalige Klosterkirche.

St. Blasien: Klosterkirche der ehemaligen Benediktinerabtei.

St. Märgen: Augustiner-Klosterkirche.

St. Peter: Klosterkirche.

St. Trudpert: Ehemalige Klosterkirche im Münstertal.

Simonswäldertal: Altsimonswälder Kirche.

Staufen: Stadtkirche St. Martin.

Sulzburg: Ehemalige Klosterkirche.

Titisee-Neustadt: St.-Jakobus-Kirche in Neustadt.

Todtmoos: Wallfahrtskirche Mariä Himmelfahrt.

Triberg: Wallfahrtskirche Maria in der Tanne.

Villingen-Schwenningen: Liebfrauenmünster in Villingen.

Vogtsburg-Niederrotweil: St.-Michaelis-Kirche.

Waldkirch: Ehemalige Stiftskirche St. Margarethen.

Waldshut-Tiengen: Stadtpfarrkirche Liebfrauen in Waldshut; Barockkirche in Tiengen.

Landschaftliche Höhepunkte

In einer Landschaft wie der des Schwarzwaldes, die überall reizvoll ist, fällt es schwer, noch besondere Höhepunkte herauszustellen. Die schönsten Gipfel sind schon als *Aussichtspunkte* (s. S. 12) erwähnt, so daß hier neben zahlreichen imposanten Felsgruppen, die bei der Fahrt durch das Mittelgebirge immer wieder neu auftauchen und für den Durchreisenden meist namenlos bleiben, wohl vor allem die relativ seltenen Schwarzwald-Gewässer in Form von natürlichen *Seen* und *Stauseen* (Titisee und Feldsee am Feldberg als Naturseen; Hornberg-Bekken, Linach-Stausee, Schluchsee und weitere kleinere Stauseen der Schluchseewerke zwischen Schluchsee und Oberrhein, Wehratal-Staubecken) und von *Wasserfällen* (Triberger Fälle, 163 m in sieben Stufen) sowie die *Naturschutzgebiete* (Feldberg als höchstes und größtes Bergmassiv des Schwarzwaldes; Wutachschlucht) erwähnenswert sind.

Profanbauten

Neben Burgen und Schlössern, Kirchen und Klöstern gibt es in vielen Schwarzwaldstädten auch eine Reihe von weiteren beachtenswerten Gebäuden, vor allem natürlich alte Rathäuser, Fachwerkbauten und historische Gasthöfe, Tore, Türme oder Brunnen und Brücken aus früheren Zeiten, aber auch einige sehenswerte moderne Baukomplexe; von allen sind die bedeutendsten hier als eine Auswahl von Profanbauten zusammengefaßt.

Badenweiler: Kurhaus, Markgrafenbad.

Bad Krozingen: Thermalbad-Anlagen.

Bad Säckingen: Rheinbrücke.

Eichstetten: Bogenbrücke.

Elzach: Apotheke, Brunnen.

Emmendingen: Rathaus, Landvogtei.

Freiburg s. Stadtbeschreibung auf den Seiten 17 bis 21.

Kandern: Stadtgiebelhaus.

Lahr: Rathaus, Storchenturm.

Pfaffenweiler: „Historisches Gasthaus zur Stube“.

Riegel: Rathaus.

Schopfheim: Rathaus.

Staufen: Rathaus, „Gasthaus zum Löwen“.

Steinach: „Gasthof Schwarzer Adler“.

Villingen-Schwenningen: Tore und Türme.

Waldkirch: Fachwerkbau (ehem. Gasthof), Marktbrunnen.

Waldshut-Tiengen: Tore, Amts- und Patrizierhäuser in Waldshut; Storchenturm in Tiengen.

Reisezeit

Die günstigste Zeit für einen längeren Aufenthalt im Schwarzwald, der kurze Besuche auch zu jeder anderen Jahreszeit lohnt, liegt zwischen Mai und Oktober, für Wintersportler – den jeweiligen Wetterverhältnissen entsprechend – von Weihnachten bis Ende März.

Speisen und Getränke

Der Schwarzwald bietet eine kultivierte, im ganzen noch weitgehend individuelle Küche, die dem Besucher vor allem im Bereich der Fleisch- und Mehlspeisen viele typische Gerichte der Landschaft serviert. Natürlich ist die Speisekarte der meisten Hotels dem internationalen Geschmacksstandard angepaßt, wer aber einheimische Gerichte kennenlernen möchte, sollte auch einmal kleinere Landgasthäuser aufsuchen.

Schwarzwälder Küche

Bei den Mahlzeiten spielt hier das Brot eine noch relativ große Rolle, auch werden viele Suppen gegessen.

Fleisch wird auf sehr verschiedene Art zubereitet. Die Beispiele reichen vom geräucherten Speck und Schinken (auf dem „Holzbrettle“ serviert) bis zum Wildschweinbraten. Dazwischen gibt es Schweineschulter (hier „Schäufele“ genannt), saures oder geröstetes „Leberle“, Nieren („Nierle“), Hähnchen (mit dem lustigen Namen „Mistkratzerle“) und gefüllte Tauben oder Ochsenfleisch mit Meerrettichsoße.

Die Schwarzwälder *Wurst* wird oft noch nach alten Rezepten der Landschaft hergestellt.

In der Rheinebene ißt man als Delikatesse auch *Weinbergschnecken*.

Eine weitere Schwarzwald-Spezialität sind *Fischgerichte*, vor allem die Forelle, aber auch Salm und Aal.

Typisch für die Küche des Landes sind auch die zahlreichen Arten von *Mehlspeisen*, ob sie nun „Nudle«, „Spätzle“ oder „Knöpfle“, „Flädle“, „Riebele“, „Schupfnudle“ oder „Dampfnudle“, „Sträuble“, „Scherben“ oder „Fasnetküchle“ heißen.

Von den vielen Schwarzwälder *Gebäckarten* tragen etliche ebenfalls die hier übliche Verkleinerungsform, wie zum Beispiel „Springerle“ oder „Gipfele“ für süßes Kleingebäck.

Schwarzwälder Getränke

Das Lieblingsgetränk der Einheimischen, das aber auch von vielen Gästen gerne konsumiert wird, sind die klaren *Schnäpse*, die hier gebrannten „Wässerle“. Man kann sie wirklich bei jeder Gelegenheit trinken, vor dem Essen ebenso wie danach und natürlich auch zwischendurch. Dazu gehören Kirschwasser, Mirabellen- und Birnenschnaps, „Zwetschgenwässerle“ wie auch der „Himbeergeischt“, die aus Steinobst und allen möglichen anderen Früchten gebrannt werden.

Daß das Angebot von *Weinen* in diesem Gebiet überaus vielseitig ist, versteht sich von selbst. Ihr genaues Studium lohnt sich immer, und viele Gäste möchten gerne abends mal eine Sorte kosten, durch deren Rebhänge sie am Tage gewandert sind.

Touristische Straßen

Ganz oder teilweise verlaufen im Bereich dieses Bandes die folgenden touristischen Straßen, die unter einem eigenen Namen kulturelle Sehenswürdigkeiten und landschaftliche Schönheiten des Schwarzwaldes miteinander verbinden:

Badische Weinstraße. Diese 160 km lange Route durchquert – in Baden-Baden beginnend – den ganzen Schwarzwald in Nord-Süd-Richtung. Sie verbindet im südlichen Teil vor allem die Weinbaugebiete am Kaiserstuhl und Tuniberg sowie im Markgräfler Land miteinander und endet bei Lörrach.

Grüne Straße. Vom Bodensee kommend, folgt diese Touristenstraße im Schwarzwald der B 31 von Donaueschingen über Löffingen, Titisee-Neustadt, Hinterzarten, Kirchzarten, Freiburg, am Kaiserstuhl entlang nach Breisach. Sie setzt sich jenseits des Rheins als „Route verte“ von Neu-Breisach über Colmar und Epinal fort bis Domrémy.

Schwarzwald-Höhenstraße. Als Verlängerung der Schwarzwald-Hochstraße im Nordteil des Gebirges (von Baden-Baden bis Freudenstadt) zieht die B 500 als „Höhenstraße“ auch durch den Mittleren und Südlichen Schwarzwald. Am Wege liegen Gutach, Hornberg, Triberg, Schönwald, Furtwangen, Breitnau, Hinterzarten, Titisee-Neustadt, Schluchsee, Häusern, Höchenschwand und Waldshut-Tiengen.

Schwarzwald-Panoramastraße. Sie führt von Waldkirch über den Kandel sowie die Orte St. Peter, St. Märgen und Breitnau nach Hinterzarten.

Veranstaltungen

Zu den vielbesuchten folkloristischen Veranstaltungen im hier beschriebenen Südschwarzwald gehören neben den zum Teil weit über die Grenzen der Landschaft hinaus bekannten *Fastnachtsumzügen* wie der Villinger „Fasnet“ und *Heimatfesten* wie der „Chilbi“ in Waldshut sowie zahlreichen örtlichen und regionalen *Weinmärkten* und *Winzerfesten* auch *Freilichtaufführungen* in Breisach und Freiburg, *Musiktage* oder *-wochen* in Donaueschingen (am Rande des Gebietes) und in Staufen.

Messeveranstaltungen finden in Freiburg (Frühjahrs- und Herbstmesse) und in Villingen-Schwenningen (Südwestmesse) statt.

Als überregionale *Motorsport-Veranstaltung* ist das Schauinsland-Bergrennen bei Freiburg bekannt.

Wanderwege

Die Gesamtlänge aller Wanderwege im Schwarzwald beträgt weit über 20000 km. Diese Wanderwege sind größtenteils das Werk des 1864 gegründeten *Schwarzwaldvereins*, dessen ausgezeichnetes Kartenwerk (12 Blätter im Maßstab 1:50000) für Wanderungen sehr zu empfehlen ist.

Den Bereich dieses Bandes durchziehen als Hauptwanderwege in Nord-Süd-Richtung Westweg, Mittelweg und Ostweg sowie als bedeutendste Querrouten die Wanderwege Rhein–Kaiserstuhl–Schwarzwald, Freiburg–Bodensee, Hotzenwald-Querweg und Hochrhein-Querweg.

Nord-Süd-Wege

Westweg Pforzheim – Basel, 348 km, über Hinterzarten – Badenweiler oder nach einer Gabelung südlich des Feldbergs im Südabschnitt auch auf einer östlicheren Wanderstrecke.

Mittelweg Pforzheim – Waldshut, 275 km, über Triberg – Titisee-Neustadt mit Gabelungsmöglichkeit zwischen Schluchsee und Rhein.

Ostweg Pforzheim – Schaffhausen, 227 km.

Querwege

Rhein–Kaiserstuhl–Schwarzwald, 114 km, von Breisach nach Donaueschingen.

Freiburg – Bodensee, 163 km, über Hinterzarten nach Singen.

Hotzenwald-Querweg, 50 km, von Schopfheim nach Waldshut-Tiengen.

Hochrhein-Querweg, 40 km, von Rheinfelden nach Albbruck.

Wintersport

Als besonderes Angebot für Langläufer gibt es im Schwarzwald zwei große *Ski-Fernwanderwege*, von denen der eine im Nördlichen, der andere im Mittleren und Südlichen Schwarzwald verläuft. Sie werden in allen Teilen des Mittelgebirges von einem ausgedehnten regionalen und örtlichen Loipennetz ergänzt.

Von den insgesamt mehr als 200 *Skiliften* dieser Wintersportlandschaft ist gut die Hälfte mit Flutlicht ausgestattet.

Für passionierte *Eisläufer* bietet sich vor allem das Eissportzentrum in Villingen-Schwenningen an.

Als Zentrum des Schwarzwälder Wintersports aber muß der *Feldberg* genannt werden (s. S. 47). In *Todtnau* wurde 1891 der erste deutsche Skiklub gegründet.

**Freiburg

Die Hauptstadt (296 m; 180000 Einw.) von Schwarzwald und Breisgau liegt vor dem Westrand des Mittelgebirges am Ausgang des Dreisamtals in die Oberrheinische Ebene. Als alte Münster- und Universitätsstadt ist sie auch heute das kulturelle und Verwaltungszentrum im Südwesten der Bundesrepublik: mit Regierungspräsidium von Südbaden, Erzbistum (seit 1827), Universität (23000 Studenten) und mehreren Fachhochschulen. Auch als Ausstellungs-, Tagungs- und Sportstadt hat Freiburg Bedeutung weit über seine Grenzen hinaus. Mehrere Museen sowie Theater und Konzertveranstaltungen runden das vielfältige Kulturleben ab.

Durch Eingemeindungen von acht früher selbständigen Gemeinden hat Freiburg jetzt eine Größe von über 15000 ha, von denen mehr als 6000 ha Waldfläche, fast 700 ha Rebland und über 450 ha Park- und Grünanlagen sind. Bei einem Umfang der Stadtgrenze von 96 km beträgt die größte Nord-Süd-Ausdehnung fast 19 und die größte West-Ost-Ausdehnung genau 20 km.

Freiburg ist Ausgangs- bzw. Kreuzungspunkt der Routen 1, 2, 6 und 7 dieses Bandes (s. dort).

Geschichte

Freiburg steht an einer Stelle sehr alter Siedlungskerne im Breisgau, dessen historische Landschaft im Norden von der Bleiche und dem Hünersedel, im Osten von der Schwarzwald-Wasserscheide, im Süden von Belchen, Münstertal und Neumagen, im Westen vom Rhein begrenzt wird.

Gegründet wurde Freiburg von den Herzögen von Zähringen (1120), deren „Zähringerstädte“ (auch Offenburg und Villingen [-Schwenningen] sowie einige Schweizer Städte gehören dazu) planmäßig angelegt worden sind. Bereits um 1200 begann der Bau des Münsters, und im 13. Jahrhundert war Freiburg – neben Basel und Straßburg – die bedeutendste und bevölkerungsreichste Stadt am Oberrhein. 1368 unterstellten sich die Bürger freiwillig dem Schutz der Habsburger. Fast 400 Jahre bildete Freiburg mit dem Breisgau und großen Teilen des Elsaß die „Vorderösterreichischen Lande“. 1457 erfolgte die Universitätsgründung durch Albrecht VI. 1498 verlegte Kaiser Maximilian I. den Reichstag nach Freiburg, das im Dreißigjährigen Krieg vielfach bedrängt wurde. 1677–1697 war die Stadt französisch und wurde durch Vauban befestigt. Im 17. und 18. Jahrhundert erlitt Freiburg das wechselvolle Schicksal einer Grenzstadt. Erst 1806, als sie an das Großherzogtum Baden fiel, kamen die Stadt und die breisgauischen Lande zur Ruhe.

Freiburger Münster

Die mittelalterliche Altstadt wurde gegen Ende des letzten Krieges schwer zerstört (nur 5% der Gebäude blieben unbeschädigt). Sie wurde im alten Stil mit Arkaden und den originellen „Bächle“, die früher der Brandbekämpfung ebenso dienten wie der Sauberkeit der Stadt, wieder aufgebaut.

Sehenswürdigkeiten

Der weitaus größte Teil der Freiburger Sehenswürdigkeiten liegt im Bereich der seit 1973 zur ausgedehnten Fußgängerzone erklärten Altstadt. Die Zufahrten zu den am Rande der Innenstadt gelegenen Parkhäusern sind gut gekennzeichnet.

Wir beginnen den Stadtrundgang, für den man (ohne Einzelbesichtigungen) mit einer Dauer von mindestens zwei Stunden rechnen muß, an der zum Bahnhof (Ei-

Kaufhaus

senbahnstraße) hin gelegenen Westseite am Rotteckring 14 bei der

Freiburg-Information [1]. Ihr gegenüber liegt an der Stelle einer ehemaligen Bastion der

Colombipark [2] mit einem neugotischen Schlößchen aus dem 19. Jahrhundert, in dem seit 1981 das *Museum für Ur- und Frühgeschichte* untergebracht ist. Es umfaßt archäologische Funde aus dem Raum Südbaden zur Urgeschichte, zur Römerzeit und zum frühen Mittelalter. Auf der Südseite des Geländes findet man den letzten Weinberg der Freiburger Altstadt.

Von der Freiburg-Information führt die *Rathausgasse* am ehemaligen „Schwarzen Kloster" *St. Ursula* [3], mit Barockkirche (18. Jh.), und an alten Bürgerhäusern vorbei zum 1974 modern gestalteten

Rathausplatz [4]. In seiner Mitte steht ein *Brunnen* mit Denkmal für den Mönch *Berthold Schwarz*, dem die Erfindung des Schießpulvers zugeschrieben wird (14. Jh.). – Die nach dem Krieg wieder aufgebaute

St.-Martins-Kirche [5] besitzt ein beachtenswertes, 1974 restauriertes gotisches Inneres, ein Barockportal und einen gotischen Kreuzgang von 1246 mit *Gedenktafel* an den ehemaligen Stadtpfarrer und badischen Volksschriftsteller *Heinrich Hansjakob* (gest. 1916). – Das

Neue Rathaus [6] besteht aus zwei Bürgerhäusern. Besonders sehenswert sind hier das *Innenhöfchen*, wo im Sommer Konzerte und Freilichttheater-Aufführungen stattfinden (im Keller das „Wallgrabentheater") sowie am südlichen Hauserker ein *Relief* der „Tugendhaften Jungfrau mit dem Einhorn" von 1545. Tägliches Glockenspiel um 12.03 Uhr. – Neben dem Neuen Rathaus steht das

Alte Rathaus [7] mit glockengeziertem Renaissancegiebel. Über der Uhr erblickt man den Reichsadler. Im Hof steht die wiederaufgebaute *Gerichtslaube* von 1278/80. – Durch die *Franziskanerstraße* geht man weiter zum restaurierten

***Haus zum Walfisch** [8]. Es wurde 1516 vom Schatzkanzler Kaiser Maximilians I. erbaut. Von 1529–1531 wohnte dort der Gelehrte Erasmus von Rotterdam. Das Haus besitzt einen beachtenswerten spätgotischen Erker und wird heute von der Sparkasse genutzt.

Von hier aus kommt man zur Hauptstraße der Stadt, der *Kaiser-Joseph-Straße*, mit modernen Arkadengängen. Rechts steht der aus dem 15. Jahrhundert stammende

Basler Hof [9] mit prächtiger Fassade. Lange Zeit war er Sitz des durch die Reformation im 16. Jahrhundert aus Basel vertriebenen Domkapitels (an der Außenfront erkennt man eine Schmuckkartusche der Madonna und der Basler Schutzheiligen). Danach befand sich hier die Regierung Vorderösterreichs, und heute ist der Basler Hof Sitz des Regierungspräsidiums Freiburg. Beachtenswert sind das *Portal* des Gebäudes von 1588 und der *Wendeltreppenanbau* im Innenhof. – Durch eine der schmalen Gassen gelangt man nun zum

Münsterplatz, wo werktags ein malerischer Marktbetrieb herrscht. Den Platz überragt das

****Münster Unserer Lieben Frau** [10] mit seinem 116 m hohen, bereits im Mittelalter vollendeten „schönsten Turm der Christenheit". Mehr als drei Jahrhunderte, von 1200–1520, wurde am Münster gebaut. Zu seinen ältesten Teilen gehören das romanische *Querhaus* – mit Friesen an den Säulen beim Durchgang zum Chorumgang – und die „Hahnentürme" (Anfang 13. Jh.). Das gotische Langhaus (Mittelschiff und zwei Seitenschiffe) wurde um 1320 vollendet.

Dem gotischen** *Hauptturm* (um 1240 bis 1320) mit der durchbrochenen Helmpyramide verdankt das Münster seine besondere architektonische Bedeutung. Vom Turm (328 Stufen) hat man einen weiten

*Rundblick über Stadt und Umgebung bis zum Kaiserstuhl und zu den Vogesen. Im *Glockenstuhl* des Turms hängt eine der ältesten Glocken Deutschlands, die „Hosanna". Sie wurde 1258 gegossen und wiegt 100 Zentner.

Das Innere des Münsters ist 125 m lang, 30 m breit und 27 m hoch. Schon in der **Vorhalle* am Haupteingang findet man bedeutende Skulpturen. Die **Glasfenster* in den Seitenschiffen des Langhauses sind Stiftungen der mittelalterlichen Zünfte und Patrizierfamilien. Die *Kanzel* stammt von 1561. Eine Fülle von Kunstschätzen birgt der spätgotische *Chor* (Eintrittsgeb.). Der **Hochaltar* (1512–1516) von Hans Baldung Grien ist ein Flügelaltar mit Darstellungen aus dem Marienleben. Beachtenswert ist auch der Kranz der elf Kapellen.

Vor dem Hauptportal des Münsters stehen auf drei barocken Säulen die Madonna und die beiden Stadtpatrone Lambertus und Alexander. – Auf der Südseite des Münsterplatzes findet man drei bemerkenswerte Bauwerke: das spätgotische

***Kaufhaus** [11] mit schöner Fassade (Erker, vier Kaisergestalten), das um 1530 erbaut wurde und einst Mittelpunkt des städtischen Handels war; beachtenswert auch die Arkadenvorhalle und der Innenhof. – An das Kaufhaus schließt sich links das

Haus zum schönen Eck an, ein Wohnhaus mit Rokokotreppenhaus (18. Jh.); als *Stadtgeschichtliches Museum* geplant (1989/90). – Auf der anderen Seite des Kaufhauses steht das

Haus zum Ritter, 1756 als Sitz der breisgauischen Ritterschaft errichtet und seit 1832 *Erzbischöfliches Palais*.

Durch eines der engen „Gäßle" bei der Musikhochschule geht man durch zur *Herrenstraße* mit alten Bürgerhäusern und gelangt auf dieser zum

Schwabentor [12] und zum *Oberlindenplatz* (Linde von 1729, Marienbrunnen). Das Tor ist zum Teil der mittelalterlichen Stadtbefestigung (13. Jh.; Zinnfigurenkabinett). Von hier aus führt ein lohnender Abstecher auf den *Schloßberg* (460 m, s. unten).

In *Oberlinden*, dem malerischen alten Bürgerquartier um das Schwabentor, liegt das wohl älteste Gasthaus Deutschlands (Wirte seit 1311 nachgewiesen) und heutige Hotel „Zum Roten Bären". – Die *Salzstraße* führt nun zum

***Augustinermuseum** [13] und dem gleichnamigen Platz. Um den Kreuzgang

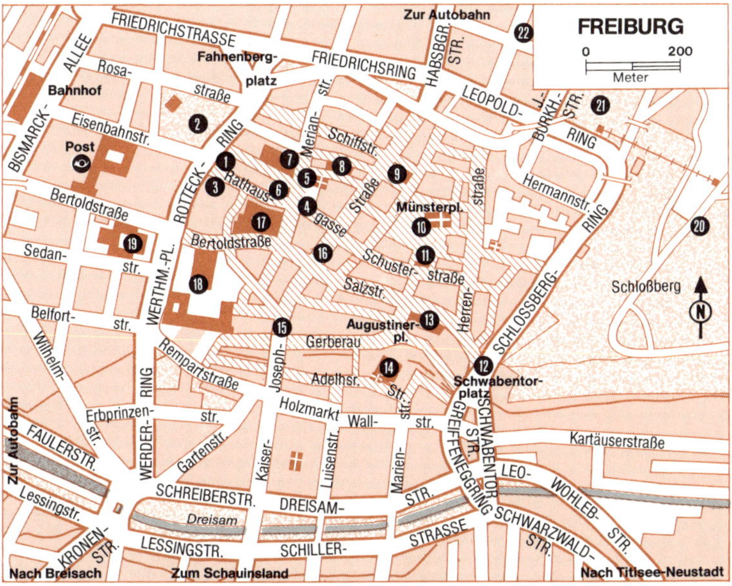

Marienkrönung von Hans Baldung-Grien

des ehemaligen Klosters der Augustiner-Eremiten liegen die Kloster- und Kirchenräume, in denen heute eine wertvolle *Sammlung oberrheinischer Kunst* untergebracht ist (Plastik, Malerei, Glasfenster, Möbel, Volkskunst).

Vom *Augustinerplatz* kommt man in die malerischen Gassen der „Insel" mit *Gerberau* und *Fischerau*, die vor Kriegszerstörungen bewahrt blieben. Von der Straße Gerberau (Eingang Nr. 32) besucht man das

Adelhauser Kloster [14] mit einer *Barockkirche* (um 1700; sehenswertes Inneres). Die Klostergebäude beherbergen jetzt die *Museen für Naturkunde und für Völkerkunde*. Weiter führt der Weg durch die Gerberau-Straße in westlicher Richtung nun zum zweiten Turm der mittelalterlichen Stadtbefestigung, dem

Martinstor [15]. Sein Untergeschoß ist alt, der Turmaufbau wurde jedoch im 20. Jahrhundert in neugotischem Stil verändert. – Man geht jetzt wieder auf der arkadengesäumten Hauptstraße, der *Kaiser-Joseph-Straße*, nordwärts und erreicht bald den

Bertoldsbrunnen [16] mit dem 1965 wiedererrichteten Standbild des Stadtgründers. – Westlich des Brunnens liegt an der *Bertoldstraße* die

Alte Universität [17], ein ehemaliges Jesuitenkolleg von 1620 mit angebauter *Universitätskirche;* sie entstand um 1700 und wurde 1955 nach Kriegszerstörung äußerlich im alten Barockstil wieder aufgebaut. Beachtenswert ist auch der von Arkaden umschlossene baumbestandene Innenhof. Schräg gegenüber dehnt sich der Gebäudekomplex der

Neuen Universität [18] aus. Ihr Hauptsitz ist das 1911 erbaute Kollegiengebäude I, an das sich das Kollegiengebäude II von 1960 anschließt. Vor dem Neubau die Henry-Moore-Plastik „Liegende", vor dem alten Gebäude Bronzefiguren von Aristoteles und Homer. Zum Universitätsviertel gehören auch die Bauten der *Alten* und der *Neuen Universitätsbibliothek*.

Von der Bertoldstraße (schräg gegenüber das *Stadttheater* [19]) biegt man nach rechts wieder in den *Rotteckring* ein und kehrt zum Verkehrsamt zurück.

Zu den besuchenswerten Punkten am Rande der Altstadt gehören der

Schloßberg [20] und der *Stadtgarten* [21], von dem eine kleine Kabinenbahn zum Schloßberg hinaufführt, sowie der idyllische *Alte Friedhof* [22] (Michaelskapelle, 18. Jh.); sie liegen an der Ostseite und der Nordostecke der Innenstadt. – Vom Schloßberg aus genießt man an verschiedenen Stellen einen herrlichen Ausblick über die Stadt, besonders vom „Panoramahotel Jägerhäusle". Der Schloßberg ist Ausgangspunkt für zahlreiche Wandermöglichkeiten in die östliche Umgebung von Freiburg.

PRAKTISCHE HINWEISE

ⓘ Verkehrsamt, Rotteckring 14, 7800 Freiburg im Breisgau, Tel. (0761) 2163289.

Rheintalbahn Karlsruhe – Basel; Höllentalbahn Freiburg – Titiseee – Donaueschingen; Nebenbahnen nach Breisach und Elzach.

Schloßbergbahn; Schauinslandbahn.

„Hotel Novotel", Am Karlsplatz; „Colombi-Hotel", Rotteckring 16; „Panoramahotel am Jägerhäusle", Wintererstr. 89; „Hotel Victoria", Eisenbahnstr. 54; „Hotel Rheingold", Eisenbahnstr. 47; „Central-Hotel", Wasserstr. 6; „Park-Hotel Post" (garni), Eisenbahnstr. 35; „Hotel zum Roten Bären", Oberlinden 12; „Hotel Oberkirchs Weinstuben", Münsterplatz 22.

„Hotel Kolpinghaus", Karlstr. 7; „Hotel Schwarzwälder Hof", Herrenstr. 43; „City-Hotel", Weberstr. 3; „Hotel Atlanta", Rheinstr. 29; „Hotel Helene", Staufener Str. 46; „Hotel zum Schiff", Basler Landstr. 37; „Hotel am Rathaus", Rathausgasse 4–8.

⌂ „Hotel Breisgau“, Seestr. 20; „Hotel FT-Sportpark“, Schwarzwaldstr. 181; „Gasthof zur Tanne“, Altgasse 2; „Hotel Weststadion“, Lehener Str. 134. – Zahlreiche kleinere Hotels, Gasthöfe und Pensionen.

⚠ Karthäuserstr. 151.

⛺ Ferien- und Kurpark-Camping „Mösle-Park“, „Hirzberg“, „Tunisee“; „Breisgau-Camping“ in Hochdorf; „St. Georg“ in St. Georgen.

Ausflüge

Von den zahlreichen Freiburger Ausflugsmöglichkeiten steht eine Schauinsland-Tour mit Sicherheit an der Spitze. Man verläßt dazu die Innenstadt – über die *Dreisam* hinweg – durch den Stadtteil *Wiehre* in südlicher Richtung und fährt durch das Günterstal des Bohrerbaches. Im Ort *Günterstal* (330 m), 4 km, ist in einem ehemaligen Frauenkloster heute ein Waisenhaus untergebracht. 1 km talaufwärts folgt die *Kyburg*, jetzt Sitz des Landesstudios vom Südwestfunk. Beim Friedrichshof, 7 km, zweigt nach rechts die Straße ab zur Talstation der

Schauinsland-Schwebebahn, die man auch von Günterstal aus mit dem Bus erreichen kann (von Freiburg nach Günterstal mit Straßenbahnlinie 2). Die 1930 erbaute Bahn war seinerzeit die erste Personenseilbahn in Deutschland mit Rundlauf der Wagen auf zwei parallel geführten Tragseilen. Sie überwindet die etwa 750 m Höhendifferenz von der *Talstation* (473 m) über die *Mittelstation* (839 m) zur *Bergstation* (1220 m) in 16 Minuten, wobei sich in allen Höhenlagen herrliche Ausblicke bieten.

Mit dem Auto fährt man auf der bekannten und sehr gut ausgebauten

Schauinsland-Seilbahn

***Schauinsland-Rennstrecke** auf einer Länge von 11,5 km von 450 m auf 1190 m Höhe hinauf. Vom *Friedrichshof* geht es dabei zunächst mit einer Steigung von 12,5% im *Sägendobel* aufwärts, dann mit durchschnittlich 7% an der Holzschlägermatte (955 m ; Zuschauertribüne) vorbei zum *Schauinsland-Parkplatz*, von dem man in gut 20 Minuten den 1284 m hohen

***Schauinsland-Gipfel** erreicht. Von ihm – östlich des Gipfels steht ein *Sonnenobservatorium* – hat man einen weiten Rundblick: im Osten auf das Feldberg-Massiv, im Westen auf Freiburg, den Kaiserstuhl, die Rheinebene und die Vogesen, im Norden auf Kandel und im Süden auf Belchen sowie bei guter Sicht bis zu den Alpengipfeln (Aussichtsturm).

Der Schauinsland wurde früher „Erzkasten“ genannt, weil er reich an silberhaltigem Bleiglanz und an Zinkblende ist und dadurch Freiburgs Reichtum im Mittelalter mitbegründete. Der Bergbau ist seit langem stillgelegt.

Die *Schauinsland-Straße* ist (in Gegenrichtung) auch Teil der Route 7 als eine der alternativen Rückfahrtmöglichkeiten von Todtnau nach Freiburg (s. S. 47). Wer den Ausflug noch weiter in südlicher Richtung ausdehnen will, kann beim *Hotel Halde* (🏨) ostwärts zum *Bergwildpark Steinwasen* abbiegen oder der Schauinsland-Straße bis zum *Waldhotel Notschrei* (🏨) folgen, wo sie in die Straße Todtnau – Hinterzarten einmündet. *Notschrei* ist eine Paßhöhe zwischen dem Dreisamtal und dem Wiesetal, wo man einen Erinnerungsstein für die erst 1847 auf den „Notschrei der umliegenden Gemeinden“ hin erbaute Straße findet.

*

Durch die Eingemeindungen von *Waltershofen*, *Opfingen*, *Tiengen* und *Munzingen* ist auch die Ostseite des Tunibergs (s. auch S. 44) Freiburger Land geworden und als weiteres Ausflugsziel erwähnenswert. Der

Tuniberg (316 m) ist ein 10 km langer Lößrücken mit Wein-, Obst- und Ackerbau, der sich zwischen Rhein und Freiburg fast in Nord-Süd-Richtung erstreckt und südlich von der B 31 Breisach – Freiburg umfaßt wird.

Besonders in der Spargelzeit fährt man gerne in die Tunibergorte, um dort als Spezialitäten Spargel mit Schinken und „Kratzete“, das sind in der Pfanne zerrissene Pfannkuchen, zu essen.

Lörrach

Die am Ausgang des Wiesentals unweit der Grenzen zu Schweiz und Frankreich gelegene Industrie- und Kreisstadt Lörrach (294 m; 41000 Einw.) ist der Hauptort sowie wirtschaftliche und kulturelle Schwerpunkt des Markgräfler Landes. Die Stadt war die Wahlheimat des alemannischen Heimatdichters Johann Peter Hebel, an den alljährlich ein *Hebelfest* erinnert. In Lörrach verbinden sich die Routen 10 Todtnau–Weil und 15 Lörrach–Waldshut dieses Bandes.

Geschichte

Das 1102 erstmals urkundlich genannte Lörrach wurde 1403 zum Marktflecken und 1682 zur Stadt erhoben; es gehörte seinerzeit zu Baden-Durlach. Eine goldene Lerche im Wappen der Stadt erinnert noch heute an den alten Namen „Lerchenowe".

Sehenswürdigkeiten

Die Sehenswürdigkeiten von Lörrach verteilen sich auf die verschiedenen Ortsgebiete. In der Stadtmitte ist unweit südlich von *Rathaus* und *Hauptbahnhof* – mit neugestaltetem Bahnhofsplatz und Fußgängerzone – in der Basler Str. 143 das 1978 eröffnete

Museum am Burghof [1] besuchenswert, dessen Anfänge bis 1882 zurückreichen. Die Schwerpunkte der in ihrer heutigen Bedeutung weit über ein reines Heimatmuseum hinaus reichenden Sammlungen liegen in den Bereichen der bildenden Kunst mit Malerei aus dem 17. bis 20. Jahrhundert, mit sakralen Skulpturen – u. a. einer spätromanischen Reliquienbüste (um 1300). Außerdem sieht man hier Exponate aus den Gebieten Handwerk und Keramik sowie Geschichte und Volkskunde.

Zu den zentral gelegenen sehenswerten Zielen gehören auch der 1838 nach dem Vorbild des Basler Münsterbergbrunnens geschaffene *Marktbrunnen*, die Erinnerungsstätten an J. P. Hebel, das *Hebeldenkmal* im Park vor der gleichnamigen Schule und eine *Hebeltafel* am Gymnasium, in dem Hebel von 1783–1791 als Lehrer tätig war, sowie vor allem die ebenfalls am Burghof gelegene evangelische

Stadtkirche [2], ein 1815–1817 von W. Frommel, einem Schüler Friedrich Weinbrenners, unter Verwendung älterer Teile (vor allem des Turms von 1514) neu errichteter Bau. Im klassizistischen Saal des Kircheninneren wird die Empore von dorischen Säulen getragen. – In der katholischen Pfarrkirche *St. Peter*, die weiter nördlich ebenfalls im Stadtzentrum liegt, sind vier in Beton-Relief-Technik gestaltete Pfeiler beachtenswert.

Burgruine Rötteln

*

Wenn man die Innenstadt nach Norden verläßt, kommt man am Ende der Tumringer Straße (B 316) zum *Landschaftspark Im Grütt* [3] mit Rosengarten (10000 Rosen von 170 verschiedenen Arten) und dem gleichnamigen Sportgelände, wo dicht vor der Wiesentalstraße, der B 317 neu, auch der örtliche Campingplatz und eine Minigolfanlage zu finden sind.

Nach Überschreiten des Flüßchens zweigt in *Tumringen* die Mühlestraße rechts ab in Richtung *Haagen*. Auf ihr gelangt man – unmittelbar vor der Autobahn (A 98) – an die Auffahrt zur

***Burgruine Rötteln** [4], die sich hier, 417 m hoch, rund 4 km nördlich der Ortsmitte erhebt und als eine der größten Burgruinen in ganz Süddeutschland gilt. Die Burg entstand – vermutlich an der Stelle eines alten römischen Kastells – im 11.–14. Jahrhundert, so daß die Stilrichtungen von Romanik (Burgfried) bis Gotik reichen. Die Anlage wurde 1678 und 1702 weitgehend zerstört und stellt heute, mit der Burgschenke, einen schönen Aussichtspunkt über dem Tal der Wiese dar (Burgfestspiele).

*

Nach Süden schließt an die Stadtmitte der Ortsteil *Stetten* an, dessen zweitürmige

St.-Fridolins-Kirche [5] an der Hauptstraße von C. Arnold, ebenfalls einem Schüler Weinbrenners, 1821/22 errichtet und von J. Wilhelm mit Stukkaturen ausgestaltet wurde. – Das Stettener „Schlößli" beherbergt eine Galerie.

Südwestlich der Lörracher Innenstadt erstrecken sich am anderen Ufer der Wiese die Ortsteile *Ober-* und *Unter-Tüllingen*. Von der 460 m hohen

Tüllinger Höhe [6] bietet sich als umfassende Rundsicht der „Dreiländerblick" von der spätmittelalterlichen *Kirche*, die wertvolle Fresken und einen Sakramentsschrein (1460–1474) besitzt.

Südöstlich der Stadt schließlich lohnt ein Abstecher in den kleinen Nachbarort *Inzlingen* – auf der B 316 bis Waidhof (Landgasthaus) – zum

Wasserschloß Reichenstein [7], einem Renaissancebau von 1563 und ehemaligem Sitz der Herren von Reichenstein; malerischer Innenhof, Turm und Holzbrücke (Schloßrestaurant).

PRAKTISCHE HINWEISE

ⓘ Verkehrsbüro, Bahnhofsplatz 6, 7850 Lörrach, Tel. (07621) 415-620.

✈ Basel-Mulhouse (Frankreich), 14 km.

Wiesentalbahn Basel-Badischer Bahnhof – Zell; Weil – Lörrach (Autoreisezug-Station).

„Parkhotel", Am Hauptbahnhof, Turmstr. 24; „Hotel Storchen", Basler Str. 166; „City-Hotel" (garni), Weinbrennerstr. 2; „Hotel Binoth am Markt", Basler Str. 169; „Hotel Villa Elben", Hünerbergweg 26; „Hotel Bijou", Basler Str. 7.

Weitere Unterkünfte in den Ortsteilen Brombach, Haagen, Hauingen, Stetten, Tüllingen und Tumringen.

Steinenweg 40.

„Im Grütt" (mit Minigolf-Anlage).

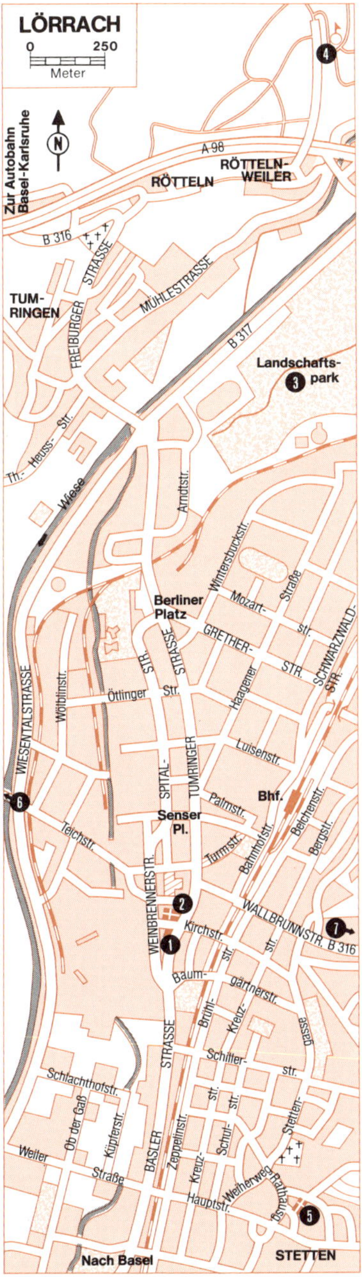

Waldshut-Tiengen

Die am Fuße des Südschwarzwaldes und an der Rheingrenze zur Schweiz gelegene Doppelstadt (341 m; 22000 Einw.) wird wegen ihrer Lage als „Tor zum Schwarzwald“ wie auch als „Brücke zur Schweiz“ bezeichnet. Die Stadt wurde bei der Gemeindereform 1975 aus den früheren Einzelstädten *Waldshut* und *Tiengen* sowie der nördlich an der Schlücht liegenden Gemeinde *Gutweil* gebildet.

Stadttor

*WALDSHUT

Die Stadt (341 m) liegt am Nordufer eines Rheinbogens mit (Personen-)Fährverbindung zum gegenüberliegenden Schweizer Ufer des Flusses bei *Full-Reuenthal*. Sie ist Endpunkt der Routen 13 und 15 dieses Bandes (s. dort).

Sehenswürdigkeiten

Man beginnt den Rundgang durch die Altstadt am besten im Osten am

Oberen Tor [1]. Es wird auch *Schaffhauser Tor* genannt, wurde in seiner heutigen Form auf Fundamenten aus dem 13. Jahrhundert erbaut und war bis 1864 Stadtgefängnis. – Bei der Stadtwanderung biegt man hinter dem Tor an der Ecke Kaiser- und Marienstraße rheinwärts ein und lernt so am *Johannesplatz* (hier lag bis ins 16. Jahrhundert der Friedhof der Stadt) und an der anschließenden Straßenschleife folgende Gebäude kennen: das *Schultheißsche Haus*, ein Bürgerhaus, das seit 1866 als Schule dient, die *Hansjakob-Schule* (1906 im neugotischen Stil errichtet), das *Greifenegg-Schlößle*, einen auf Fundamenten der Königspfalz stehenden Patrizierhof, den *Königsfelder Hof* als ehemaliges Amtshaus und die frühere *Waldvogtei* (heute Staatsanwaltschaft). Die *Mühlegasse* und das Sträßchen *Bernhalde* führen von hier aus zum Rhein(ufer)weg und zur (Personen-)Rheinfähre.

Der Rundgang folgt vom Johannesplatz der etwas vom Fluß entfernten *Rheinstraße* in ganzer Länge nach Westen und erreicht – vorbei an der ehemaligen *Spitalkapelle Zum Heiliggeist* – die Kaiserstraße beim

Unteren Tor [2], das auch als *Basler Tor* bezeichnet wird. Hier findet man romanische Bauteile, im Turm eine Sterbeglocke von 1689. Die Windfahne ist als „Waldshuter Männle“ ausgebildet. Stadtauswärts vor dem Tor liegen Kanonenkugeln von der Schweizer Belagerung 1468.

Die *Kaiserstraße*, die vom Unteren Tor nun wieder stadteinwärts führt, ist die alte Hauptstraße, deren Gesamtbild seit der Stadtgründung weitgehend unverändert geblieben ist. So liegen an ihr (in der Reihenfolge dieses Stadtrundganges) das *Roll'sche Haus* (1738), der *Rebstock* als ehemalige kaiserliche Posthalterei, die *Alte Metzig* [3], das Städtische Schlachthaus (bis 1877), in deren oberen Räumen heute das *Heimatmuseum* untergebracht ist, die *Alte Post*, wo bis 1880 eine Thurn- und Taxissche Poststation bestand, sowie das

Rathaus [4], das nach einem Stadtbrand von 1726 als schönster barocker Neubau der Stadt errichtet wurde. Es folgen das *Städtische Kornhaus*, das *Haus zur Tauben* und das *Haus zum Wilden Mann*. Letzteres steht zwischen Neutor und Marienstraße, in die unser Rundgang jetzt einbiegt. Durch die Wallstraße erreicht man dann die katholische

Stadtpfarrkirche Liebfrauen [5]. Sie wurde 1804 unter Verwendung des gotischen Chors (13. Jh.) im klassizistischen Stil erbaut. – Durch die Marienstraße kommt man von der Kirche zum Oberen Tor zurück.

Zu den Sehenswürdigkeiten von Waldshut gehören auch die früheren Brunnen-

und jetzigen *Brückenfiguren* der Heiligen Maria, Nepomuk, Rochus und Sebastian an der *Seltenbachbrücke* östlich des Oberen Tors (Conrad-Gröber-Platz) sowie die *Kalvarienberg-Wallfahrtskapelle* von 1715 südöstlich der Innenstadt.

Erwähnenswert ist das Volksfest *Chilbi*, das in Waldshut alljährlich am dritten Augustwochenende zur Erinnerung an die Befreiung der Stadt von den Schweizer Eidgenossen im Jahre 1468 – heute mit diesen gemeinsam – gefeiert wird.

🛈 Verkehrsamt, Im Oberen Tor, 7890 Waldshut, Tel. (07751) 1614.

Basel-Badischer Bahnhof – Waldshut – Schaffhausen.

„Hotel Café Kaiser", Bismarckstr. 25; „Hotel Waldshuter Hof", Kaiserstr. 56; „Hotel Schwanen", Amtshausstr. 2. – „Gasthof Fährhaus", Konstanzer Str. 7; „Gasthof Liedermatte", Siemensstr. 3.

„Waldshut". – . – .

TIENGEN

ist der Hauptort (348 m) des sich nach Nordosten bis in den Schweizer Raum von Schaffhausen ausdehnenden *Klettgaus*, eines von Äckern, Wald und Wiesen bedeckten Hügellandes, dessen Westteil 1813 zu Baden kam. Es wird auch als „Viertälerstadt" bezeichnet.

Sehenswert sind hier *Altes und Neues Schloß* mit beachtenswertem Schloßhoftor, der mit seiner aufgesetzten Haube interessante *Storchenturm*, ein mittelalterlicher Eckpfeiler der Stadtbefestigung, sowie andere Reste der Stadtmauer, eine 1753–1775 erbaute *Barockkirche* mit auffallendem Turm und Deckengemälde im Innern; aus barocker Zeit stammen auch *Josefs- und Marienbrunnen*.

Außerhalb der Innenstadt liegt der *Lange Stein*, ein keltischer Menhir am Südufer der *Wutach*, über die eine gedeckte *Holzbrücke* führt. Erwähnenswert sind auch das *Naturkundemuseum* der Stadt und ein Aussichtsturm mit weiter Alpensicht auf dem *Vitibuck* (458 m).

Das *Tiengener Heimatfest* erinnert alljährlich als „Schwyzertag" an einen erfolgreich abgewehrten Angriff der Schweizer im Jahr 1415.

PRAKTISCHE HINWEISE

🛈 Verkehrsamt, Rathaus, 7890 Waldshut-Tiengen 2, Tel. (07741) 3011.

„Hotel Bercher", Bahnhofstr. 1.

„Hotel Storchenturm", Weihergasse 10; „Gasthof zur Brauerei Walter", Hauptstr. 23.

„Hotel Akropolis", Schaffhauser Str. 41.

„Camping im Park" in Gurtweil. – .

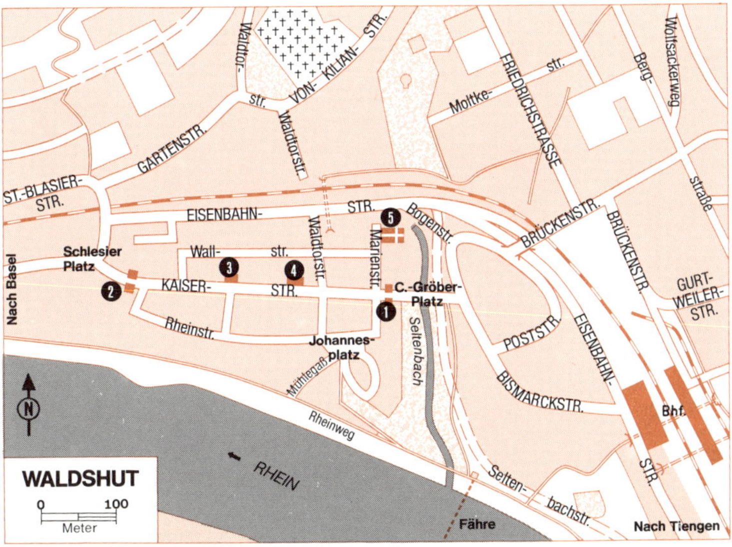

Route 1: Lahr – Emmendingen – **Freiburg – Müllheim – Weil (– **Basel) (110 km)

Am Westrand des in diesem Band beschriebenen Südschwarzwaldes ziehen als Hauptstraßen des Rheintals die Autobahn A 5/E 35 und die Bundesstraße 3 parallel zueinander südwärts. Die Orte dieser Route sind zwar an der B 3 aufgereiht, jedoch erlauben es die zahlreichen, von diesen Städten selten mehr als 5 km entfernten Autobahn-Anschlußstellen, zwischen beiden Straßenzügen beliebig zu variieren.

Für viele Besucher des Südschwarzwaldes stellt die Route 1 (in Verlängerung der Route 1 des Bandes „Nordschwarzwald") zugleich die Anfahrtstrecke dar; auf Abzweigmöglichkeiten zu anderen Routen wird in der folgenden Beschreibung jeweils hingewiesen. Bei der Fahrt bieten sich häufig hübsche Ausblicke auf die oft von Burgen gekrönten Vorberge des Schwarzwaldes bis zu den Haupthöhen des langgestreckten Mittelgebirges. Als Alternativstrecke verläuft die „Badische Weinstraße" (s. Route 2 auf S. 30) noch dichter an den Schwarzwaldhängen südwärts.

Die Route beginnt – 93 km südlich von Karlsruhe (s. Reiseführer „Nordschwarzwald") – in

Lahr (168 m; 36000 Einw.), einer Industriestadt vor dem Talsausgang der *Schutter*. In der Altstadt von Lahr, das 1215 erstmals urkundlich erwähnt wurde und 1278 Stadtrechte erhielt, gibt es auch heute noch zwischen modernen Bauten winklige Gassen mit schmalen alten Häusern.

Unter den zahlreichen Sehenswürdigkeiten der Stadt sind besonders erwähnenswert das *Alte Rathaus* (von 1608) mit Fruchthallenarkaden und *Feuerwehrmuseum* (am Nordende der Fußgängerzone Marktstraße), der *Storchenturm* (13. Jh.) als einziger Rest der alten Lahrer Wasserburg mit *Geroldsecker Museum* (im Südteil der Marktstraße) und das *Museum im Stadtpark* (an der Kaiserstraße, westlich der Innenstadt); das *Museum für Ur- und Frühgeschichte* ist zur Zeit wegen Verlegung geschlossen.

Beachtenswert sind ebenfalls die *Stiftskirche* (13. Jh.) mit Denkmalshof (im Südosten der Innenstadt direkt an der B 415) und die frühromanische *Burgheimer Kirche* mit Wandmalereien aus dem 15. Jahrhundert (im gleichnamigen nördlichen Stadtteil).

Vom 297 m hohen *Schutterlindenberg* im Nordwesten von Lahr bietet sich die beste Aussicht über Stadt und Umgebung. Vom Alten Rathaus gelangt man auf dem „Lahrer Weinpfad" in einer halben Stunde auf die Höhe.

ⓘ Verkehrsbüro, Rathausplatz 4, 7630 Lahr, Tel. (07821) 282216.

🚆 Rheintalbahn Karlsruhe – Freiburg – Basel.

🏨🏨🏨 „Hotel Schulz", Alte Bahnhofstr. 6.

🏨🏨 „Hotel Schwanen", Gärtnerstr. 1; „Hotel Wacker", Waldhornstr. 1; „Hotel am Westend", Schwarzwaldstr. 97; „Hotel Löwen", Obertorstr. 5.

🏨 „Hotel Sonne-Post", Marktplatz 1.

⛺ „Am Walkenbuck". – 🏊, beh. 🏊.

Man verläßt Lahr, von dem auch die Route 3 (s. S. 34) im Tal der Schutter ostwärts in Richtung Biberach – Haslach ausgeht, auf der B 3 nach Süden, kreuzt dabei die Bundesstraße 36 (Autobahnzubringer)/415 und durchfährt bzw. berührt in rascher Folge die Orte *Kippenheim*, 6 km, *Mahlberg*, 7 km, *Ettenheim*, 10 km, *Ringsheim*, 13 km, und *Herbolzheim*, 15 km. Da die B 3 in diesem wie auch in einigen anderen Abschnitten zugleich Teil der „Badischen Weinstraße" ist, findet man die Beschreibung der vorgenannten Ortschaften bei der Route 2 (Weinstraße) auf Seite 30 und 31. In

Kenzingen (179 m; 7200 Einw.), 18 km, zeugen noch heute das spätgotische *Rathaus* und eine Reihe von alten Bürgerhäusern von der bedeutenden Vergangenheit der kleinen Stadt. Die im 17. Jahrhundert errichtete *St.-Laurentius-Kirche* wurde im 18. Jahrhundert umgebaut; ihre Altäre und Kanzel stammen aus dem ehemaligen Zisterzienserinnenkloster Wonnental.

ⓘ Verkehrsamt, 7832 Kenzingen, Tel. (07644) 79140.

🚆 Rheintalbahn Karlsruhe – Freiburg – Basel.

🏨 „Hotel Bauer", Neustr. 28; „Gasthof Schieble", Offenburger Str. 6, „Gasthof zum Hirschen", Hauptstr. 7.

5 km südlich von Kenzingen zweigt bei *Malterdingen* über die Autobahn-Anschlußstelle *Riegel* und den gleichnamigen Ort die „Kaiserstuhlstraße" nach *Endin-*

Emmendingen

gen (s. Route 6 auf S. 42) ab, während die B 3 nun in südöstlicher Richtung dem Flüßchen Elz nach

Emmendingen (201 m; 25000 Einw.), 30 km, folgt. Die jetzige „Große Kreisstadt" besitzt Stadtrecht schon seit 1590. Im ehemaligen *Markgrafenschloß* von 1574 ist heute das *Heimatmuseum* untergebracht, im *Neuen Schloß* von 1789 arbeitet das Amtsgericht. Beachtenswert sind auch das *Rathaus* (1729) und die *Landvogtei*, in der im 18. Jahrhundert Goethes Schwester Cornelia mit ihrem Mann, dem Oberamtmann J. G. Schlosser, wohnte (Grab auf dem Alten Friedhof). Die Burgruinen *Landeck* und *Hochburg* liegen jeweils etwa 5 km nördlich bzw. östlich der Stadtmitte.

ⓘ Verkehrsamt im Rathaus, Marktplatz 1, 7830 Emmendingen, Tel. (07641) 452326.

Rheintalbahn Karlsruhe – Freiburg – Basel.

„Hotel Windenreuter Hof", Windenreute; „Hotel Krone", Maleck.

„Parkhotel" (garni), Markgrafenstr. 9; „Hotel Post", Bahnhofstr. 1.

„Hotel Lamm", Lammstr. 8.

Man überquert noch im Stadtgebiet von Emmendingen die *Elz* und folgt der B 3 weiterhin südwärts – an *Denzlingen* (s. S. 36) und *Gundelfingen*, 39 km, vorbei – nach

****Freiburg,** 48 km (Stadtmitte), dessen ausführliche Beschreibung mit Stadtplan auf Seite 17 beginnt. – Hier zweigen die Routen 6 in den Kaiserstuhl und 7 zum Titisee und Feldberg ab.

Die Bundesstraße verläßt Freiburg – weiter parallel zur Rheintal-Autobahn A 5/E 35 und zur Bahnstrecke nach Basel – in südwestlicher Richtung über *Schallstadt* (s. S. 31), 56 km (von Lahr), nach

Bad Krozingen (233 m; 12000 Einw.), 62 km, dessen Thermalwasser besonders mineral- und kohlensäurereich ist. Badekuren empfehlen sich hier vor allem bei Herz- und Kreislauf- ebenso wie bei Erkrankungen des Bewegungsapparates. Zu den sehenswerten Gebäuden gehören neben den Kurbad-Anlagen auch das 1579 erbaute *Schloß* (mit einer Privatsammlung historischer Tasteninstrumente), seinerzeit Propstei des Klosters St. Blasien, und in *Oberkrozingen* (2 km südöstlich der Stadtmitte) die *Glöcklehof-Kapelle*, eine architektonische Kostbarkeit aus ottonischer Zeit mit bedeutenden Fresken.

ⓘ Kurverwaltung, Herbert-Hellmann-Allee, 7812 Bad Krozingen, Tel. (07633) 2002.

Rheintalbahn Karlsruhe – Freiburg – Basel; Nebenbahn nach Münstertal.

„Brunnenhotel", Herbert-Hellmann-Allee 22; „Hotel Litschgi-Haus", Basler Str. 12.

„Hotel Haus Pallotti", Thürachstr. 5; „Hotel Ascona", Thürachstr. 11; „Hotel Amselhof", Kemsstr. 21; „Hotel Quellenhof", Schlatterstr. 17.

Bei der Weiterfahrt genießt man einen prächtigen Blick über die *Staufener Bucht* (Staufen s. S. 31) auf eine von mehreren Burgen und Ruinen gekrönte Bergkette.

Am Ostrand von *Heitersheim* (250 m; 4550 Einw.;), 69 km, liegt ein *Johanniterordensschloß* (16. Jh.).

Hier beginnt nun die historische Landschaft des *Markgräfler Landes*, die sich vom Breisgau bis ins Rheinknie bei Basel hinzieht und einstmals unter der Herrschaft der Markgrafen von Baden stand. Heute steht der Name für die rheinische Weinlandschaft dieses Gebietes, dessen Zentrum nun über *Buggingen*, 72 km, erreicht wird. Es ist

Müllheim (230 m; 13500 Einw.), 77 km, an dessen Ostrand auch die „Badische Weinstraße" (s. S. 32) entlangzieht. Vom 5 km entfernten Nachbarort *Badenweiler* nehmen die Rundfahrtrouten 8 (s. S. 48) und 9 (s. S. 49) ihren Ausgang.

In Müllheim, das von zahlreichen Ortsteilen umgeben ist, sind die *Martinskirche* (16. Jh.), die jetzt als Museum mit Funden aus der Römerzeit dient, sowie das *Wein- und Heimatmuseum* ebenso beachtenswert wie eine Reihe von alten Bürgerhäusern.

Verkehrsamt, Werderstr. 48, 7840 Müllheim, Tel. (07631) 4070.

Rheintalbahn Karlsruhe – Freiburg – Basel.

„Euro-Hotel Alte Post“, an der B 3.

„Hotel Bauer“, Eisenbahnstr. 2; „Hotel Kaiserhof“, Goethestr. 10; „Hotel Stadthaus“, Marktplatz 3.

beheizt (mit Thermalwasserzulauf).

*

5 km westlich von Müllheim liegt am Ende der Bundesstraße 378 und an der Autobahn-Anschlußstelle Müllheim/Neuenburg die Rheinufergemeinde

Neuenburg (233 m; 8000 Einw.) mit Rheinbrücke und zwei Grenzübergängen ins französische Elsaß. Neuenburg besitzt eine verhältnismäßig große Zahl von -und -Unterkunftsbetrieben sowie zwei Campingplätze. – , beh. .

*

Östlich der von Müllheim südwärts führenden Bundesstraße 3 (und etwa 8 km vom 1165 m hohen Blauen entfernt) liegt der Wein- und Erholungsort

Auggen (264 m; 2000 Einw.), 81 km. Über den Rhein hinweg nach Westen kann man von hier aus bei guter Sicht die Vogesenkette deutlich erkennen. – Im nächsten Ort an der B 3,

Schliengen (250 m; 4000 Einw.), 85 km, sind das *Wasserschloß Entenstein* und im Ortsteil *Liel* die *Dorfkirche* zu beachten. Hier kreuzt die „Badische Weinstraße“ (s. Route 2 auf S. 33) die Bundesstraße 3; man kann ihr westwärts zu einem Abstecher nach *Bad Bellingen* (s. S. 33) folgen.

Gemeindeverwaltung, Wasserschloß Entenstein, 7846 Schliengen, Tel. (07635) 1031.

Rheintalbahn Karlsruhe – Freiburg – Basel.

„Landgasthof Graf's Weinstube“, Obereggenen; „Gasthof Rebstock“, Obereggenen; „Gasthof Sonne“, Marktplatz 1; „Gasthof Schlüssel“, Marktplatz 4; „Gästehaus Ingeborg“, Obereggenen.

Die Bundesstraße 3 zieht jetzt weiter nach Süden hinauf zum 380 m hohen *Schlienger Berg*. Danach geht es an kleineren Dörfern vorbei durch eine landschaftlich abwechslungsreiche Hügelzone bis nach

Eimeldingen (265 m; Gasthöfe), 103 km, mit Autobahn-Anschluß an die nach Lörrach führende A 98, unweit des *Autobahn-Dreiecks Lörrach/Weil* im Zuge der A 5.

Hier beginnt das selbst auf guten Straßenkarten etwas unübersichtliche Gebiet des deutsch-französisch-schweizerischen Dreiländerecks mit seinen zahlreichen Grenzübergängen auf Haupt- und Nebenstraßen zwischen Weil und Basel.

Weil am Rhein (274 m; 26000 Einw.), 108 km, ist heute eine „Große Kreisstadt“ (Stadtrechte seit 1929) mit für den Grenzverkehr bedeutsamen Einrichtungen wie *Rangierbahnhof* (tägliche Abfertigung von mehreren tausend Güterwagen), *Rheinhafen* (800000 Tonnen jährliches Umschlagsvolumen), *Autobahn-Grenzübergang* in die Schweiz und *Rheinbrükken* zum französischen *Huningue*. Von der *Tüllinger Höhe* (460 m) genießt man einen umfassenden Rundblick über die interessante Stadtlandschaft des Dreiländerecks.

Stadtverwaltung, Schillerstr. 1, 7858 Weil, Tel. (07621) 7040.

✈ Flughafen Bâle-Mulhouse (Frankr.).

Rheintalbahn Karlsruhe – Freiburg – Basel; Nebenbahnen Basel-Badischer Bahnhof – Kandern und Weil – Lörrach.

„Atlas-Hotel“, Alte Straße 58; „Gasthof zum Adler“, Hauptstr. 139.

„Hotel Leopoldshöhe“, Müllheimer Str. 4; „Hotel Central“, Hauptstr. 216; „Hotel Bahnhof“, Hauptstr. 331; „Hotel Dreiländereck“, Hauptstr. 384.

„Hotel Victoria“ (garni), Elsässer Str. 21. – „Laguna“. – .

*

Wer dieser Route bis an die deutsch-schweizerische Grenze gefolgt ist, wird mit Sicherheit auch die am Rhein gegenüberliegende zweitgrößte Stadt der Schweiz besuchen wollen. An die Adresse des Kurzbesuchers richtet sich folgende Zusammenstellung der wesentlichen Basler Sehenswürdigkeiten im Innenstadtbereich. Wer mehr über die Stadt und ihre Umgebung wissen möchte, der sei auf den Polyglott-Reiseführer „Nordschweiz – Zentralschweiz – Berner Oberland“ hingewiesen.

****BASEL**

(273 m; 175000 Einw.) liegt zwischen Schweizer Jura, Vogesen und Schwarzwald an einem alten Rheinübergang. In der lebhaften Industrie- und Handelsstadt findet alljährlich im Frühling auch die *Schweizer Mustermesse* statt.

Man beginnt einen Innenstadt-Rundgang am besten am

****Münster,** dem zwischen der *Mittleren Brücke* und der *Wettsteinbrücke* am Rhein gelegenen Wahrzeichen der Stadt. Der seit 1365 nach Brand und Erdbeben im gotischen Stil fast völlig erneuerte fünfschiffige Bau ist 65 m lang und 32 m breit. Seine beiden Türme, die bestiegen werden können, sind verschieden hoch: der *Georgsturm* 64 m und der *Martinsturm* 62 m.

Südlich und südwestlich des Münsters stößt man auf vier Museen, das

****Kunstmuseum** am St.-Albans-Graben, eines der bedeutendsten europäischen Kunstmuseen, das

***Antikenmuseum** mit griechischen und italienischen Kunstwerken, das

Kirschgartenmuseum im „Haus am Kirschgarten", einem Bürgerhaus aus dem 18. Jahrhundert, das vollständig im Stil seiner Zeit eingerichtet ist und auch eine beachtenswerte *Porzellansammlung* beherbergt, und das

Historische Museum, das in einem 1975–1981 restaurierten Gebäude, einem vorzüglichen Beispiel der Bettelordens-Architektur des frühen 14. Jahrhunderts, untergebracht ist. Sein reiches Sammlungsgut umfaßt vorgeschichtliche Funde, kirchliche und profane Kunst des Mittelalters, Goldschmiedearbeiten, Bildteppiche und alte Waffen. – Weiter westlich liegt in der *Spalenvorstadt* das

***Spalentor** als besterhaltener Torturm (um 1400) des alten Basler Verteidigungsringes. – Über den *Petersplatz* und an der vor der Mittleren Brücke gelegenen, 1389 geweihten *Martinskirche* vorbei kommt man zum

Rathaus, das 1508–1521 in gotisch-burgundischem Stil aus rotem Sandstein erbaut und später mehrmals erweitert wurde. – Zwischen Rathaus und Münsterplatz (s. oben) steht ein weiteres Museum, das *Natur- und Völkerkundemuseum*.

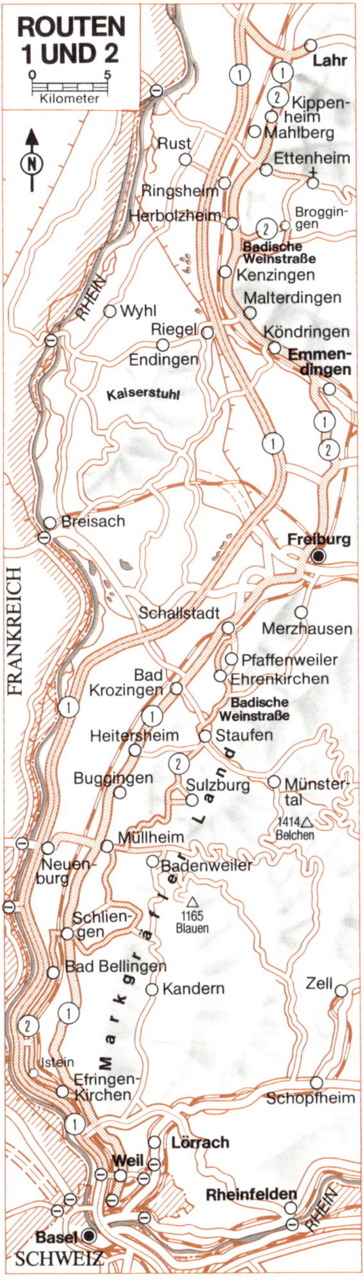

Route 2: „Badische Weinstraße" Lahr – **Freiburg – Badenweiler – Weil (125 km)

Karte S. 29.

Die *Badische Weinstraße* führt größtenteils auf weniger befahrenen Nebenstraßen durch die rebenbestandenen Vorberge am Westrand des Schwarzwaldes. Durch die Etiketten ihrer Weinflaschen sind fast alle Dörfer und Städte entlang dieser Route weit über die Grenzen des Schwarzwaldes hinaus bekannt. Sie laden den Besucher aber auch vielfach mit romantischen Plätzen und verwinkelten Gäßchen oder mit den Spezialitäten der badischen Küche zum Verweilen ein.

Die Weinstraße beginnt in Baden-Baden und verläuft im Nordschwarzwald (s. Route 5 des Polyglott-Reiseführers „Nordschwarzwald") über Bühlertal, Kappelrodeck und Offenburg bis Lahr. Südlich von Lahr folgt sie im Bereich dieses Bandes ausnahmsweise zunächst der B 3 (s. Route 1) bis Freiburg, wobei in Malterdingen ihr Kaiserstuhl-Abzweiger die Hauptstraße westwärts verläßt (s. S. 26). Erst im Süden von Freiburg geht die Route wieder auf Weinstraßen und Weinsträßchen des Markgräfler Landes über, die als erlebnisreiche und geruhsame Alternative zu Autobahn und Bundesstraße empfehlenswert sind.

Man verläßt *Lahr*, dessen Ortsbeschreibung auf Seite 26 zu finden ist, im Zuge der Badischen Weinstraße, wie schon erwähnt, zunächst auf der B 3 südwärts über Kippenheim, Mahlberg und Ettenheim, die westlich und östlich der Hauptstraße liegen, sowie durch Ringsheim und Herbolzheim bis Kenzingen.

Kippenheim, 6 km, ist ein alter Marktflecken, der heute zur Stadt Lahr gehört und in dem man schon zu einem Besuch von

Mahlberg (182 m; 3000 Einw.), 7 km, abzweigen kann. Die ehemalige Reichsstadt (13. Jh.) liegt auf einem in der Rheinebene weithin sichtbaren Hügel westlich der B 3. Das *Schloß* wurde 1246 erstmals erwähnt, im 17. Jahrhundert nach einer Zerstörung wiederhergestellt und neu eingerichtet. In der achteckigen *Katharinenkirche* sind Deckenmalereien und Stuckarbeiten aus dem 17./18. Jahrhundert beachtenswert. In Mahlberg gibt es ein *Tabakmuseum*.

⌂ „Gasthof Löwen".

Im Ettenheimer Ortsteil *Altdorf* biegt man – nun ostwärts – von der inzwischen wieder erreichten Hauptstraße ab nach

Ettenheim (190 m; 9200 Einw.), 10 km, das sich in der touristischen Werbung als „Barockstadt zwischen Wald und Reben" bezeichnet. Der Ort erhielt schon 1374 Stadtrechte und gehörte bis 1802 zum Hochstift Straßburg. Es war nach der Französischen Revolution Sitz des letzten Straßburger Fürstbischofs, des Kardinals Rohan.

Sehenswert sind hier das ehemalige fürstbischöfliche *Schloß* (16. Jh.) und das *Ichtratzheimische Haus*, ein Barockbau von 1774, sowie die barocke *Stadtkirche* (1768) mit beachtenswerten Deckengemälden, Chorgitter von 1777 und dem Grab des französischen Kardinals Rohan, das *Rathaus* (17. Jh.) im Renaissancestil und zwei *Stadttore* (ebenfalls 17. Jh.).

Ein moderner, 12 m hoher *Aussichtsturm* erlaubt einen weiten Rundblick vom *Heuberg* (309 m), der südwestlich des Ortes liegt.

4 km südöstlich liegt der Ortsteil *Ettenheimmünster* (s. auch Route 3 auf S. 36) mit der barocken *St.-Landolin-Kirche*, in deren Nähe noch Reste der ehemaligen Benediktinerabtei aus dem 8. Jahrhundert erhalten sind.

ℹ Verkehrsbüro, 7637 Ettenheim, Tel. (07822) 43248. – 🚌.

🏨 „Hotel Deutscher Hof".

Weitere Unterkünfte in den Ortsteilen Ettenheimmünster, Ettenheimweiler, Münchweier und Wallburg.

⛺ „Oase". – 🏊, 🏊.

Auf der B 3 geht die Fahrt weiter zum nahegelegenen

Ringsheim (165 m, 2000 Einw.), 13 km, das Ausgangspunkt ist für einen Besuch im 5 km entfernten *Europa-Park Rust*, einem Freizeit- und Familienpark im ehemaligen Schloßpark von Rust mit zahlreichen Vergnügungseinrichtungen, Tiergehege, Restaurant und 75 m hohem Aussichtsturm (April–Oktober).

ℹ Gemeindeverwaltung, Kirchstr. 5, 7636 Ringsheim, Tel. (07822) 5764.

⌂ „Gasthof Heckenrose".

Herbolzheim (179 m; 6700 Einw.), 15 km, folgt mit einer barocken Pfarrkirche von 1754 (reiche Innenausstattung), beachtenswerten *Bürgerhäusern* aus dem 15.–17. Jahrhundert und der *Wallfahrtskapelle Maria im Sande*.

„Hotel Sonne"; „Hotel Rebstock". – Mehrere Gasthöfe.

Von Herbolzheim aus kann man, statt auf der B 3 direkt nach Kenzingen weiterzufahren, noch einen etwa 6 km langen Umweg auf der Badischen Weinstraße über die Ortsteile *Broggingen* und *Bleichheim* mit der *Ruine Kirnburg* (383 m) machen. – Sonst erreicht man direkt jetzt

Kenzingen (179 m; 7000 Einw.), 18 km, das ebenso bei der vorhergehenden Route 1 auf Seite 26 beschrieben ist wie die ganze nun folgende B 3-Strecke über *Emmendingen*, 30 km, bis

****Freiburg,** 48 km. Dessen ausführliche Beschreibung mit Stadtplan beginnt auf Seite 17. – Auch südlich von Freiburg folgt die Badische Weinstraße noch für einige Kilometer der Route 1, und zwar bis zum Weinort am Batzenberg

Schallstadt (232 m; 5100 Einw.), 56 km, mit dem sehenswerten *Zapfenhof*. Der Nachbarort *Ebringen* (278 m; 2050 Einw.;) mit der *Kapelle Berghausen* und der *Ruine Schneeburg* (516 m) liegt am 644 m hohen *Schönberg*. Schallstadt und Ebringen gehören zum Erholungsgebiet *Batzenberg-Schönberg*.

Gemeindeverwaltung, 7801 Schallstadt, Tel. (07664) 7070, und Verkehrsverein Batzenberg-Schönberg, Tel. (07664) 8324.

Rheintalbahn Karlsruhe – Freiburg – Basel.

In Schallstadt-Leutersberg:
„Gasthof Leimstollen", „Pension Vogelsang".

In Schallstadt-Mengen:
„Gasthof Alemannenhof".

In Schallstadt-Wolfenweiler:
„Gasthof Ochsen". – „Gasthof Löwen"; „Gasthof Hanselmann"; „Pension Schönbergblick".

In Ebringen:
„Gasthof Rebstock-Stube"; „Gasthof Schönberghof".

Die Badische Weinstraße zieht nun am *Batzenberg* entlang, der sich zwischen der Bundesstraße 3 (Route 1) und dem ebenfalls zum Erholungsgebiet Batzenberg-Schönberg gehörenden Ort

Pfaffenweiler (300 m; 2500 Einw.;) im *Schneckental* erstreckt. Hier sind beachtenswert das *Historische Gasthaus zur Stube,* ein *Dorfmuseum* „Pfaffenweiler Wein – Pfaffenweiler Stein" und das *Freilichtmuseum* Historische Steinbrücke.

Gemeindeverwaltung, Rathausgasse 4, 7801 Pfaffenweiler, Tel. (07664) 7027, und Verkehrsverein Batzenberg-Schönberg, Tel. (07664) 8324.

„Gasthof zum Engel".

Beim weitläufigen Weinort

Ehrenkirchen (260 m; 5500 Einw.), 62 km, mit den Hauptortsteilen *Ehrenstetten* und *Kirchhofen* erreicht die Route den Nordrand der Staufener Bucht (s. unten), wo auch die *Hexentalstraße* von Freiburg über *Merzhausen* (mit 1666 erbautem Jesuitenschloß) und *Bollschweil* einmündet.

Gemeindeverwaltung, Jengerstr. 6, 7801 Ehrenkirchen, Tel. (07633) 804-0. – .

Im Ortsteil Ehrenstetten:
„Gasthof Adler"; „Pension Brengartner".

Im Ortsteil Kirchhofen:
„Gasthof Sonne-Winzerstuben".
„Gasthof Krone"; „Ambringer Bad".

Weitere Unterkünfte in den Ortsteilen.

Einer der Hauptorte am südlichen Teil der Badischen Weinstraße ist

Staufen (290 m; 7100 Einw.), 67 km, das am Ausgang des reizvollen *Münstertals* (s. Route 8 auf S. 48) liegt. Sehenswert sind in der malerischen Kleinstadt vor allem der mittelalterliche Stadtkern mit dem *Rathaus,* einem Renaissancebau von 1546, und dem *Gasthaus zum Löwen*, wo der Sage nach 1539 Doktor Faust vom Teufel geholt worden sein soll. Zu den beachtenswerten Bauten gehören auch das *Untere Schloß* (heute Behördensitz), die Stadtkirche *St. Martin* und das *Zunftstubenhaus*.

Die *Burg Staufen* auf dem kegelförmigen *Schloßberg* (375 m) wurde im Dreißigjährigen Krieg zerstört und gehört heute als Ruine zu den Staufener Sehenswürdigkeiten. Etwas außerhalb liegt die *St.-Johannes-Kapelle* am Rande der *Ettenbacher Höhe* (725 m), östlich der Stadt.

Verkehrsbüro im Rathaus, 7813 Staufen, Tel. (07633) 80536.

Bad Krozingen – Münstertal.

Staufen: Rathaus

„Gasthof zum Hirschen“, Hauptstr. 19; „Hotel Sonne“, Albert-Hugard-Str. 1

„Hotel Kreuz-Post“, Hauptstr.; „Gasthof Rebstock“, Hauptstr.; „Gasthof Bahnhof“. – Gasthof Bären-Bad“, Grunern.

„Belchenblick“. – .

Während eine Alternativstrecke der Weinstraße von Staufen westwärts nach *Heitersheim* und von dort auf der B 3 nach *Müllheim* sowie weiter über *Auggen* nach *Schliengen* führt (s. Route 1 auf S. 28), verläuft diese Route in südwestlicher Richtung weiter auf der Schwarzwald-Randstraße und bringt uns dabei zunächst nach

Ballrechten-Dottingen (290 m; 1600 Einw.), 71 km, einem im *Sulzbachtal* vor dem *Castellberg* (442 m) gelegenen anerkannten Erholungsort und Winzerdorf mit Panorama-, Reb- und Waldwanderweg.

Gemeindeverwaltung im Ortsteil Dottingen, Neue Kirchstr. 6, 7801 Ballrechten-Dottingen, Tel. (07634) 8242 u. 792.

Bad Krozingen – Staufen.

„Gästehaus Ursula“; „Winzerstube mit Haus Blanka“; „Gasthof Engel“ (alle in Dottingen).

Südlich des Ortes zweigt eine Seitenstraße ab nach dem östlich gelegenen

Sulzburg (339 m; 2200 Einw.), 73 km, dem ältesten Städtchen im Markgräfler Land (seit 1288). Hier wurde in früheren Zeiten Silberbergbau betrieben und zeitweilig war Sulzburg auch Residenzort der badischen Markgrafen.

Seine Hauptsehenswürdigkeit ist die romanische ehemalige Klosterkirche der Benediktinerinnen *St. Cyriacus*, die aus der Zeit um das Jahr 1000 stammt und Mitte der sechziger Jahre dieses Jahrhunderts restauriert wurde (wertvolle Ausstattungsstücke). In der früheren *Stadtkirche* ist heute das *Landesbergbaumuseum* von Baden-Württemberg untergebracht. Ein *Bergbaugeschichtlicher Wanderweg* führt auf 5 km Länge zu Stätten und sichtbaren Spuren des Sulzburger Bergbaus in vergangenen Zeiten.

Verkehrsamt, Am Marktplatz, 7811 Sulzburg, Tel. (07634) 702.

Bad Krozingen – Staufen – Sulzburg – .

„Waldhotel Bad Sulzburg“ (4 km südöstlich).

„Gasthof zum Hirschen“.

„Gasthof zum Rebstock“; „Gasthof Sulzburger Bierhaus“.

Im Ortsteil Laufen:

„Gasthof Drei Lilien“; „Gasthof Sonne“.

Terrassen-Camping „Alte Sägemühle“. – .

Durch die Ortsteile *Laufen* und *Britzingen*, 78 km, erreicht die Badische Weinstraße jetzt den westlichen Stadtteil *Niederweiler,* 83 km, des weitbekannten Thermalkurortes

Badenweiler (450 m; 3500 Einw.), der in diesem Band auch Ausgangsort für die beiden Rundfahrt-Routen 8 und 9 ist (s. S. 48 und S. 49). Die Thermalquelle (26,4 °C) des Heilbades, dessen Zentrum etwa 2 km südöstlich von Niederweiler liegt, wurde schon in der Römerzeit genutzt, und die *Römischen Bäder* aus dem 1. Jahrhundert gehören zu den besterhaltenen Anlagen aus jener Zeit diesseits der Alpen. Beachtenswert sind außerdem *Neues Kurhaus* und *Markgrafenbad* sowie der 12 ha große *Kurpark* mit subtropischen Gewächsen und Burgruine (Aussichtspunkt). Im Kurbezirk ist der Kfz-Verkehr zeitlich eingeschränkt.

Zu den Sehenswürdigkeiten von Badenweiler gehören auch die dem Markgrafenbad am Schloßplatz gegenüberliegende,

1897 im römischen Stil erbaute *Evangelische Kirche* und die 1862 im byzantinischen Stil errichtete *Katholische Kapelle* an der Friedrichstraße. Das *Schloß,* an der Südseite des Schloßplatzes und am Nordrand des *Schloßgartens* gelegen, war ehemals großherzoglich-badische Residenz.

Kurverwaltung, Ernst-Eisenlohr-Str. 4, 7847 Badenweiler, Tel. (07632) 72110.

Nächste Station Müllheim (7 km) an der Rheintalbahn. –

„Hotel Römerbad" Schloßplatz 1; „Hotel Post", Sofienstr. 1; „Hotel Ritter", Friedrichstr. 2; „Hotel Schwarzmatt", Schwarzmattstr. 6; „Hotel Sonne", Moltkestr. 4; „Hotel Anna", Oberer Kirchweg 2; „Hotel Weißes Haus", Wilhelmstr. 6; „Hotel Eckerlin", Römerstr. 2.

„Hotel Neuenfels", Badstr. 18; „Hotel Schloßberg", Schloßbergstr. 3; „Hotel Vogesenblick", Badstr. 29; „Hotel Badenweiler Hof", Wilhelmstr. 40; „Hotel am Schloßpark", Blauenstr. 9.

, ; Golfplatz.

Von *Badenweiler-Niederweiler* aus zieht die Badische Weinstraße weiter durch das Markgräfler Land. Durch den Stadtteil *Vögisheim* von Müllheim (s. S. 27), 85 km, und *Feldberg*, 88 km, geht es jetzt nach *Obereggenen*, 91 km, einem Ortsteil von *Schliengen* (s. unten) und durch die ebenfalls zu Schliengen gehörenden Dörfer *Niedereggenen* und *Liel*, 95 km (alte Dorfkirche) zum Kreuzungspunkt mit den Routen 1 und 2 in

Schliengen (250 m; 4000 Einw.), 98 km, dessen Beschreibung auf Seite 28 zu finden ist. – Von hier ab verläuft die Badische Weinstraße westlich der Bundesstraße 3 und folgt, meist zwischen der Autobahn A 5 und der Rheintal-Bahnstrecke verlaufend, dem Rheinbogen. Der nächste Ort, der hier einen Halt lohnt, ist

Badenweiler: Modernes Thermal-Bewegungsbad

Bad Bellingen (250 m; 3200 Einw.), 103 km, ein Heilbad am Oberrhein, das auch direkte Straßenverbindung mit der B 3 südlich von Schliengen hat. Bei der Suche nach Erdöl stieß man hier 1955/56 auf Thermalwasser mit Temperaturen zwischen 38 und 40° C. Den „Titel" Bad darf Bellingen seit 1969 führen.

Bade- und Kurverwaltung, 7841 Bad Bellingen, Tel. (07635) 1025.

Rheintalbahn Karlsruhe – Basel.

„Hotel Quellenhof"; „Hotel Dreiländereck"; „Hotel Paracelsus"; „Hotel Markushof"; „Hotel St. Georg"; „Hotel Therme".

„Hotel Römerhof"; „Hotel Eden"; „Hotel Kaiserhof"; „Hotel Birkenhof".

„Lug ins Land" in Bamlach.

Zu Bad Bellingen gehören noch die an der Route folgenden Rheinuferdörfer *Bamlach* und *Rheinweiler*. Beim nächsten Ort, *Kleinkems*, 108 km, ist die *Ruine Vallenburg* erwähnenswert. Hier liegt auch schon die Autobahn-Anschlußstelle Efringen-Kirchen, das selbst erst weiter südlich folgt (s. unten). Zwischen Kleinkems (Zementwerk) und Istein gibt es Kalksteinbrüche.

Die Badische Weinstraße zieht jetzt durch *Istein*, 110 km, und am *Isteiner Klotz*, einem Kalkstock, vorbei; hier wird in einer Felsnische eine mittelalterliche Kapelle wiederaufgebaut. Die Anlagen der früheren Festung Istein wurden 1919 und 1945 gesprengt. Auf der gegenüberliegenden Rheinseite erkennt man das französische *Kraftwerk Kembs*. – Zur Großgemeinde

Efringen-Kirchen (260 m; 6800 Einw.; ,), 114 km, sind seit 1974 neun Dörfer zusammengeschlossen, durch die die Weinstraße nun nach

Eimeldingen (265 m), 117 km, (s. S. 28) zieht. Die restliche Strecke verläuft sie zusammen mit der Route 1 auf der Bundesstraße 3 bis

Weil (261 m; 26000 Einw.), 125 km, als Endort (s. auch S. 28).

Route 3: Lahr – Haslach – Waldkirch – Denzlingen – Lahr (104 km)

Man verläßt die schön gelegene Stadt

Lahr (168 m; 36000 Einw.), deren Beschreibung auf Seite 26 zu finden ist, in östlicher Richtung auf der B 415. Bis zur Abzweigung nach *Seelbach*, 8 km, einem Luftkurort im Tal der Schutter (217 m; 4900 Einw.; ⌂), folgt die Bundesstraße dem Lauf dieses kleinen Flusses.

Zu Seelbach gehört auch der an der Route folgende Ortsteil *Schönberg* (🏨 „Paß-Höhen-Hotel Geroldseck“), 12 km, mit Geroldseck und seiner auf hohem Bergkegel gelegenen *Burgruine Hohengeroldseck*, einem besuchenswerten Aussichtspunkt. Die Burg wurde 1677 von den Franzosen zerstört. – Bald darauf erreicht man das *Kinzigtal* bei

Biberach (200 m; 2800 Einw.), 16 km, das an der Mündung des *Harmersbaches* in die Kinzig liegt. Die Hauptsehenswürdigkeit seiner Umgebung, die Burgruine Hohengeroldseck, haben wir bei der Anfahrt bereits besucht. Im Ort selbst ist ein *Heimatmuseum* im Kettererhaus beachtenswert.

Zu Biberach, dessen geschützte Lage in einer Talweitung gute Voraussetzungen für den Obstanbau bietet, gehört auch der kleine Ort *Prinzbach* (⌂) in einem nach Südwesten ziehenden Nebental, wo im Mittelalter Silbererz abgebaut wurde.

ℹ Gemeindeverwaltung, 7616 Biberach, Tel. (07835) 3314.

🚌 Offenburg – Villingen; Nebenbahn nach Oberharmersbach.

⌂ „Gasthof Linde“, Erzbach 11; „Gasthof Schwarzer Adler“, Hauptstr. 50.

🏊 Waldterrassenbad beh. mit Rutsche (77 m).

Auf beiden Seiten der Kinzig gelangt man auf ufernahen Straßen nun nach

Steinach (200 m; 3600 Einw.), 19 km, einem von bewaldeten Bergen umschlossenen Erholungsort. Beachtenswert sind hier neben der 1750 erbauten und 1880 erweiterten *Pfarrkirche* auch ein kleines *Heimatmuseum* mit Steinesammlung und der alte *Gasthof Schwarzer Adler*, ein meisterhafter Fachwerkbau mit seiner Flößerstube.

ℹ Verkehrsamt im Rathaus, Kirchstr. 4, 7611 Steinach, Tel. (07832) 2018.

Haslach: Schwarzwälder Trachtenmuseum

🚌 Offenburg – Villingen.

🏨 „Hotel Alte Bauernschänke“; „Hotel Schwarzer Adler“.

⌂ „Gaststätte Mellert“. – „Gasthof Wilder Mann“, Welschensteinach.

⛺ „Kinzigtal“.

Haslach (220 m; 6000 Einw.), 25 km, ist der nächste größere Ort und Verkehrsknotenpunkt der Bundesstraße 33 und 294. Die „Hansjakob-Stadt“ im Kinzigtal – so genannt nach dem hier geborenen Volksschriftsteller und Stadtpfarrer Heinrich Hansjakob (1837–1916; Hansjakob-Museum im Freihof mit Gemäldeausstellungen der Maler Carl Sandhaus, Louis Blum und Otto Laible) – ist eine durch Funde aus der Römerzeit schon bezeugte alte Siedlung, die 1278 Stadtrechte erhielt und im 13./14. Jahrhundert Sitz der Fürsten von Fürstenberg war.

Neben dem schon erwähnten *Hansjakob-Museum* in der gleichnamigen Straße beherbergt Haslach auch ein *Schwarzwälder Trachtenmuseum* in den renovierten Räumen des ehemaligen, 1630–1632 erbauten Kapuzinerklosters in der Klosterstraße.

Sehenswert sind in der von zahlreichen Fachwerkhäusern geschmückten hübschen Innenstadt außerdem das *Rathaus* (von 1733), der *Sebastiansbrunnen* (1738), und die *Stadtkirche* (1780) mit einem gotischen und einem barocken Turm.

ℹ Verkehrsamt, Klosterstr. 1, 7612 Haslach, Tel. (07832) 8080.

🚂 Offenburg – Villingen.

⌂ „Hotel Goldener Kochlöffel"; „Gasthof zur Blume". – „Gasthof Kreuz", Bollenbach. – Beheiztes ≈.

In Haslach verläßt diese Route das Kinzigtal und folgt nun – fast genau südwärts – der Bundesstraße 294. An Ihr liegt bald

Mühlenbach (260 m; 1500 Einw.), 28 km, ein Dorf im *Mühlenbachtal* mit einer Reihe von ⌂-Gasthöfen. Durch den Ortsteil *Fanis* (⌂) wird der *Heidburgsattel* (521 m; ⌂), die Wasserscheide zwischen Kinzig und Elz, erreicht. Einige Kilometer südlich der Paßhöhe stößt die Route am Nordrand von

Elzach (361 m; 6300 Einw.), 40 km, auf den Fluß *Elz*, dem die B 294 von hier aus folgt. Der heutige Luftkurort mit den Ortsteilen *Prechtal* und *Oberprechtal* im Nord- und *Yach* im Südosten wird schon 1178 erstmals genannt, war seit 1393 als Stadt in ritterschaftlichem Besitz und gehört seit 1805 zu Baden.

Sehenswert sind hier die 1522 erbaute *St.-Nicolaus-Kirche* mit spätgotischem Chor (Glasgemälde), Langhaus des 17. Jahrhunderts und klassizistischem Turm von 1828, die *Neun-Linden-Wallfahrtskapelle*, das *Apotheken-Gebäude* von 1523 und der *St.-Nicolaus-Brunnen* (1610).

Berühmt ist die *Elzacher Fasnet* mit den gespenstischen Schuttig (feuerrotes Zottelgewand mit Teufelsmasken).

ℹ Kurverwaltung, 7807 Elzach, Tel. (07682) 7990 u. 80470.

🚂 Elztalbahn Freiburg – Elzach.

⌂ „Gasthof Hirschen-Post", „Gasthof Ochsen"; „Gasthof Bären"; „Waldgasthof Summeri". – Weitere Unterkünfte in den Ortsteilen. – ≈ beh.

Winden im Elztal (340 m; 2600 Einw.), 45 km, besteht aus den beiden Ortsteilen *Oberwinden* und *Niederwinden*. Hier gibt es eine Reihe von Hotels und Gasthöfen in Oberwinden sowie einen Gasthof und zwei Pensionen in Niederwinden. Südöstlich von Winden erhebt sich der spitze aussichtsreiche, 905 m hohe *Hörnleberg* mit Wallfahrtskapelle.

Gutach (289 m; 3500 Einw.), 49 km, heißt der nächste Talort, von dessen Ortsteil *Bleibach*, mit sehenswerter *Beinhaus-Kapelle* (Fresken), die *Simonswald-Straße* (s. Route 4 auf S. 37) abgeht. Gutach ist auch bekannt als Sitz der Gütermannschen Nähseiden-Fabriken.

ℹ Gemeindeverwaltung, im Ortsteil Bleibach, Dorfstr. 33, 7809 Gutach, Tel. (07685) 244.

🚂 Elztalbahn Freiburg – Elzach.

⌂⌂ „Hotel Adler", Gutach. – „Hotel Silberkönig" u. „Hotel Stollen", Bleibach.

⌂ „Gasthof Krone", Gutach; „Gasthof Sonne", Bleibach.

≈ Bleibach, ≈ Gutach.

Waldkirch (263 m; 18500 Einw.), 53 km, ist Kneippkurort und die größte Ortschaft im Elztal. Von hier aus zieht die *Kandelstraße* (s. S. 38) hinauf in den *Kandelwald* und zum *Kandel-Gipfel* (1241 m).

Zu den Sehenswürdigkeiten der Stadt, deren Entstehung auf ein 918 hier gegründetes Kloster zurückgeht, gehören der *Marktbrunnen* mit barocker Marienfigur und der Fachwerkbau (17./18. Jh.) des ehemaligen *Gasthofs Engel* ebenso wie die frühere *Stiftskirche St. Margarethen*, ein Barockbau von 1732–1734, der unter Denkmalschutz steht, und das *Propsteigebäude* (1752) mit Rokoko-Festsaal.

Zwei Ruinen überragen die Stadt, die 361 m hoch liegende *Kastelburg* – 1250 errichtet und 1634 in Brand gesteckt – und die seit 1590 verfallene *Burg Schwarzenberg* (656 m), weiter entfernt im Süden.

Waldkirch war in früherer Zeit ein bedeutendes Zentrum des Konzertorgelbaus. Im *Heimatmuseum* findet man kostbare sakrale und profane Kunst neben bäuerlichem Hausrat vergangener Jahrhunderte.

Unmittelbar an die Kuranlagen grenzt der *Schwarzwaldzoo* am Buchenbühl, der ausschließlich europäische Tiere zeigt.

Verkehrsamt, Marktplatz 21, 7808 Waldkirch, Tel. (07681) 3292.

Elztalbahn Freiburg – Elzach.

„Berghotel Kandel" (s. S. 38).

„Hotel Felsenkeller", Schwarzenbergstr. 18; „Hotel Scheffelhof", Scheffelstr. 1; „Parkhotel", Merklinstr. 20. – „Gasthof Altersbach", im Stadtteil Altersbach.

„Elztalblick" in Siensbach.

Südlich von Waldkirch kann man den südlichsten Zipfel dieser Rundtour abkürzen und auf der Landesstraße in Richtung Emmendingen nach *Sexau* (s. rechts) hinüberfahren. Sonst wird die hier als Schnellstraße ausgebaute B 294 noch bis zur Kreuzung mit der *Glottertal-Straße* bei Denzlingen benutzt.

Denzlingen (235 m; 11600 Einw.), 59 km, ist ein Erholungsort am Rande der Freiburger Bucht zwischen Rheinebene und Schwarzwaldrand. Hier sind die frühgotische *St.-Georgs-Kirche* mit dem Storchenturm sowie am Nordrand der Stadt der *Mauracher Hof* mit der Ruine des *St.-Severin-Kirchleins* (10. Jh.) beachtenswert.

Verkehrsverein, Rosenstr. 18, 7819 Denzlingen, Tel. (07666) 4930.

Rheintalbahn Karlsruhe – Freiburg und Elztalbahn Freiburg – Elzach.

„Hotel-Pension Zum Grünen Baum", Hauptstr. 153; „Gasthof Hirschen", Hauptstr. 233; „Gasthof zur Krone", Hauptstr. 44; „Gasthof Arnold", Bahnhofstr. 2.

. – beheizt.

Damit ist der, nur etwa 10 km von Freiburg-Stadtmitte entfernte, südlichste Punkt dieser Rundfahrt erreicht. Man fährt von hier aus über Bahnlinie und Elzfluß hinweg jetzt nordwärts nach

Sexau (236 m; 2600 Einw.), 64 km, am Brettenbach. Der kleine Ferienort liegt an der Verbindungsstraße zwischen Emmendingen und Waldkirch (s. S. 35). Zu Sexau gehört die Ruine der *Hochburg* (347 m) über dem Brettenbachtal, an der die Route im weiteren Verlauf vorbeiführt.

Gemeindeverwaltung, 7831 Sexau, Tel. (07641) 1013. – .

„Gasthof Bergmattenhof"; „Gasthof Reichenbächler Hof"; „Gasthof zur Linde"; „Gasthof zur Lerche".

Durch *Obersexau* kommt man nun in das Erholungsgebiet am oberen Brettenbachtal mit der Großgemeinde

Freiamt (315 m; 3900 Einw.), 72 km (Ortsmitte). Hier bildet das *Kurhaus* mit Hallenbad den echten kulturellen und touristischen Mittelpunkt. In den weitverzweigten Ortsteilen findet man als Sehenswürdigkeiten die Kapelle von Kloster Tennenbach und die Ruine Keppenbach.

Zum Besuch des ehemaligen *Zisterzienserklosters Tennenbach* muß man schon in Obersexau nordwestwärts abzweigen. Das Kloster wurde 1161 gegründet und 1829 abgebrochen, wobei die frühgotische Kapelle erhalten blieb.

Die *Burgruine Keppenbach* liegt direkt an der Routenstraße zwischen den Ortsteilen *Reichenbach* und *Niedertal*. Die Burg entstand im späten Mittelalter zum Schutz der damals im Bereich von Freiamt arbeitenden Silberbergwerke und wurde 1525 im Bauernkrieg zerstört.

Verkehrsbüro im Kurhaus, Badstr. 1, 7838 Freiamt, Tel. (07645) 644. – .

„Hotel Ludinmühle", Brettental.

„Gasthof Freiämter Hof", Reichenbach; „Gasthof Hintere Höfe"; „Hotel Sonne"; „Gasthof Forelle", Brettental; „Gasthof Waldlust". – Zahlreiche Pensionen.

Am Nordrand von Freiamt trennen sich die Straßen bei *Streitberg,* 79 km, in drei Richtungen. Man kann nordostwärts durch *Welschensteinach* wieder nach *Steinach* (s. S. 34) gelangen, kann das *Schuttertal* kennenlernen, das bei *Seelbach* (s. S. 34) in den Anfangsteil dieser Route einmündet, oder kann in westlicher Richtung über *Ettenheimmünster* (), 90 km, mit seiner barocken Wallfahrtskirche St. Landolin, und *Kippenheim* (s. S. 30), 99 km, zurückkehren zum Ausgangsort der Rundtour, nach

Lahr, 104 km ohne Abstecher.

Route 4: Waldkirch – Furtwangen – St. Märgen – St. Peter – Waldkirch (83 km)

Als Startort der Route wurde *Waldkirch* gewählt, das in der vorhergehenden Route 3 ebenso näher beschrieben wird wie das nordöstlich davon auch an der B 294 liegende

Gutach (289 m; 3500 Einw.), 4 km, durch dessen Ortsteil *Bleibach* dann die Simonswald-Talstraße der *Wilden Gutach* in südöstlicher Richtung abzweigt. Sie erreicht, das Flüßchen mehrfach überquerend, durch *Untersimonswald* und *Altsimonswald*, 9 km, die durch den Ortsteil *Neuenweg* markierte Talmitte der Gemeinde

Simonswald (400 m; 2800 Einw.; Hotels, ⛺), 12 km. Zu deren Sehenswürdigkeiten gehören außer etlichen schönen alten Bauernhäusern auch die um 1740 erbaute *Kirche* von *Altsimonswald.*

Die Fahrt geht durch die Ortsteile *Obersimonswald* (⌂) und *Wildgutach* (⌂) nach

Gütenbach (868 m; 1500 Einw.), 22 km, einem Luftkurort am Talschluß des Simonswälder Tals, an den südlichen Ausläufern des mit 1148 m gipfelnden *Brend-Massiv* nahe der Rhein-Donau-Wasserscheide.

Landschaftliche Sehenswürdigkeiten in der Umgebung sind die *Teichschlucht,* die 50 m hohen *Zweribach-Wasserfälle* und das Naturdenkmal *Balzer Herrgott.*

ⓘ Verkehrsamt, Hauptstr. 10, 7741 Gütenbach, Tel. (07723) 7035. – 🚌.

🏨 „Hotel Neu-Eck", Vordertal.

⌂ „Gasthof Bären", Hintertal; „Gasthof Maierhof", Hauptstr. 34.

Östlich von Gütenbach mündet die Simonswald-Straße beim *Höhenhotel Neu-Eck* (🏨) in die Bundesstraße 500, auf der die Route jetzt die Uhrenstadt

Furtwangen (872 m; 11000 Einw.), 29 km, ansteuert, Herstellungsort auch von elektrotechnischen und feinmechanischen Produkten. Furtwangen liegt im oberen Bregtal als höchstgelegene Stadt des südlichen Schwarzwaldes und ist Verbindungspunkt der Routen 4 und 5.

Sehenswert ist hier vor allem das **Deutsche Uhrenmuseum* als größte historische Uhrensammlung Deutschlands mit mehr als 1000 Objekten aus allen Zeiten der Uhrenentwicklung (Abb. S. 7).

In der Umgebung sind besuchenswert der *Aussichtsturm* auf dem 1148 m hohen *Brend* (6 km nordwestlich), die *Martinskapelle* und die *Bregquelle* (7 km nordwestlich) sowie der *Linach-Stausee* (s. auch S. 41) im gleichnamigen Furtwanger Ortsteil (10 km südöstlich).

ⓘ Verkehrsverein Oberes Bregtal, Rathaus, 7743 Furtwangen, Tel. (07723) 61400. – 🚌.

🏨 „Hotel zum Ochsen", Marktplatz 7; „Gasthof Lindenhof", Gerwigstr. 10; „Hotel Kussenhof", Kussenhofstr. 43.

⛺ „Michelhof" im Ortsteil Linach.

🏊 beheizt.

Durch den Furtwanger Ortsteil *Neukirch* (🏨, ⌂) verläßt man südlich der Stadt die B 500 wieder und fährt über *Hexenloch-Schlucht* und *Dreistegen* bis

Erlenbach, 47 km, wo die weiter südlich beim Gasthaus Turner von der Bundesstraße abzweigende *Schwarzwald-Panoramastraße* in Richtung St. Märgen – St. Peter erreicht wird. Ihr folgt man – vorbei am Gasthaus „Neuhäusle" (🏨) – zunächst bis zum Luftkurort

St. Märgen (889 m; 1650 Einw.), 54 km. Sein Wahrzeichen, die zweitürmige ehemalige **Augustiner-Klosterkirche Mariazell,* wurde 1725 erbaut, das Innere 1907 beim Wiederaufbau nach einem Blitzschlag erneuert. Die Altäre und eine Kreuzigungsgruppe stammen noch aus der Mitte des 18. Jahrhunderts.

ⓘ Kurverwaltung, Rathausplatz 1, 7811 St. Märgen, Tel. (07669) 1066. – 🚌.

🏨 „Hotel Hirschen"; „Hotel Löwen". – „Gasthof Thurner" an der B 500.

🏨 „Gasthof Rößle"; „Hotel Kranz"; „Hotel Feldbergblick". – 🏊.

Auf der aussichtsreichen Panoramastraße geht die Fahrt weiter zum heutigen Luftkurort

St. Peter (720 m; 2350 Einw.), 61 km, der bereits 1093 mit dem Hauskloster der Herzöge von Zähringen gegründet wurde. Das ehemalige *Benediktinerkloster* gibt als einzige Abtei im Breisgau noch heute eine Vorstellung von vollständigen Klosteranlagen des 18. Jahrhunderts. Gut erhalten sind vor allem Fürstensaal, Kapitelsaal, Refektorium und die *Rokoko-Bibliothek. Das Kloster wurde 1806 säkularisiert und ist seit 1842 Priesterseminar der Erzdiözese Freiburg. Die 1724–1727 erbaute (ebenfalls doppeltürmige) **Klosterkirche* zeigt eine reiche barocke Innenausstattung.

Kurverwaltung, Klosterhof 12, 7811 St. Peter, Tel. (07660) 274. –

„Gasthof Hirschen“; „Hotel Sonne“; „Gasthof Bürgerstüble“.

„Gasthof Schuler“; „Gasthof Jägerhaus“; „Gasthof Klosterstüble“; „Gasthof Panorama“; „Gasthof Engel“. – „Berggasthof zum Kandelhof“.

„Steingrubenhof“. – Ozon-Hallenbad; Badesee.

Diese Route geht nach Nordosten weiter, wo sich kurz hinter St. Peter die *Glottertal-Straße* und die *Kandel-Straße* gabeln, 63 km. Das landschaftlich schöne

Glottertal, am Südfuß des Kandel, mit seinem milden Klima, seinen Rebhängen und behäbigen Gasthöfen ist bekannt durch seine Trachten (typisch ist der „Schnapphut“ der Frauen und Mädchen). Beim Erholungsort *Glottertal* (329 m; 2500 Einw.;) reifen ausgezeichnete Weine. Kurkonzerte, Tanzabende, geführte Wanderungen.

Die Gemeinde Glottertal ist Schauplatz der beliebten Fernsehserie „Die Schwarzwaldklinik“. Das Geschehen um „Professor Brinkmann“ lockt Besucherströme. Der große Gemeindeparkplatz (etwa 500 Stellplätze) kann sie kaum fassen. In einer Viertelstunde zu Fuß erreicht man die Schwarzwaldklinik der Landesversicherungsanstalt Württemberg. Eine Besichtigung ist nicht möglich; kein Café oder Restaurant. Bei Dreharbeiten ist das Gelände weiträumig abgesperrt.

Verkehrsamt, 7804 Glottertal, Tel. (07684) 253.

„Hotel Hirschen“. – „Gasthof Kreuz“; „Gasthof Schloßmühle“; „Gasthof Zum Goldenen Engel“. – , .

Während die Glottertal-Straße nach *Denzlingen* (s. S. 36) und damit nach *Freiburg* führt, bringt uns die Fortsetzung der Schwarzwald-Panoramastraße durch den Kandelwald zurück nach Waldkirch.

Über *Sägendobel* steigt die Straße hinauf zur aussichtsreichen *Kandel-Höhe*, 71 km (1241 m hoher Gipfel; Parkplatz beim „Berghotel Kandel“,). In zum Teil serpentinenartigen Kurven erreicht man wieder den im *Elztal* gelegenen Ausgangsort

Waldkirch, 83 km (ohne Abstecher).

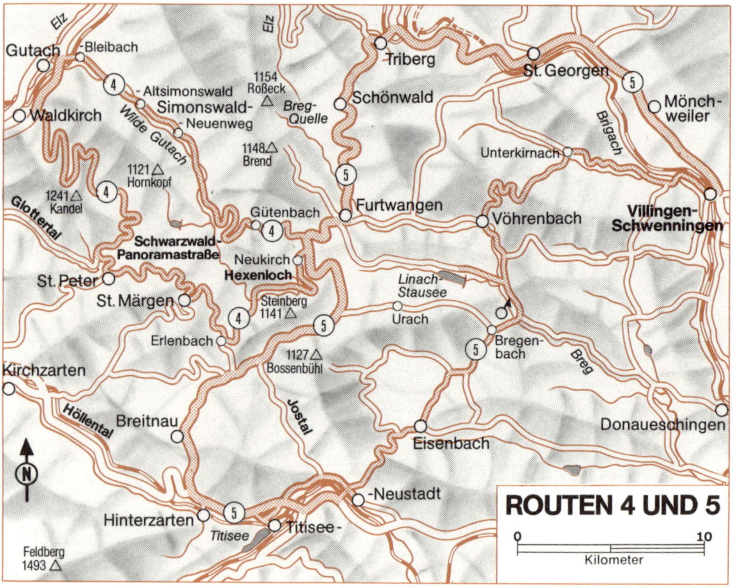

Route 5: Triberg – Furtwangen – Titisee-Neustadt – Villingen-Schwenningen – St. Georgen – Triberg (112 km)

Karte S. 38.

Ausgangspunkt dieser Rundfahrt ist

Triberg (685 m; 6000 Einw.), dessen Hauptsehenswürdigkeit die **Triberger Wasserfälle* südlich der Stadt sind. Sie gelten als die höchsten Wasserfälle in Deutschland. Das Wasser der *Gutach* stürzt hier in sieben Stufen insgesamt 162 m tief. Der Hauptzugang zu den Fällen, die teilweise zur Stromerzeugung genutzt werden, liegt am südlichen Ende der Hauptstraße. Ein größerer Parkplatz ist an der B 500 eingerichtet.

Besonders sehenswert ist außerdem das 1873 an der Wallfahrtsstraße (unweit des Einganges zu den Fällen) erbaute *Triberger Schwarzwaldmuseum*, das Kultur und Wirtschaftsleben der Schwarzwälder in Vergangenheit und Gegenwart mit historischen Sammlungen, schönen Trachten, Holzschnitzereien, Strohflechtereien und mit einem Schwarzwaldbahn-Diorama zeigt.

Einen Besuch wert sind ebenfalls das *Rathaus*, dessen Saal ein „Schnitzersepp" genannter Einheimischer in nur drei Monaten in Kiefernholz schnitzte, die Anfang des 18. Jahrhunderts errichtete *Wallfahrtskirche Maria in der Tanne* mit Gnadenbild und prächtiger barocker Ausstattung (in der Clemens-Hofbauer-Straße) und der *Burggarten*, in dem die Kurkonzerte stattfinden; hier stand früher auf dem Hügel die Burg von Triberg.

Kurverwaltung im Kurhaus, Luisenstr. 10, 7740 Triberg, Tel. (07722) 81230.

„Schwarzwaldbahn" Offenburg – Villingen – Singen.

„Apparthotel Schwarzwald-Residenz", Bürgermeister-de-Pellegrini-Str. 20; „Apparthotel Tannenhof", Hoflehenstraße; „Parkhotel Wehrle", Gartenstr. 24.

„Hotel zum Bären", Hauptstr. 10; „Hotel Römischer Kaiser", Sommerauer Str. 35; „Schwarzwaldhotel Tanne", Wallfahrtstr. 35; „Hotel Adler", Hauptstr. 35.

Rohrbacher Str. 35.

Man folgt von Triberg aus der B 500 südwärts und gelangt bald auf die Hochfläche von

Schönwald (988 m; 2400 Einw.), 5 km, einem heilklimatischen Kurort, der aus einer schon im 12. Jahrhundert vom Kloster St. Georgen gegründeten Siedlung entstanden ist. Ein Ereignis besonderer Art: Hier wurde um 1730 die weltweit berühmte Schwarzwälder Kuckucksuhr erfunden.

Kurverwaltung im Rathaus, Schubertstr. 3, 7741 Schönwald, Tel. (07722) 4046. –

„Hotel zum Ochsen"; „Hotel Dorer".

„Schwarzwald-Aparthotel Hirschen"; „Pension Silke"; „Hotel Karoline"; „Gasthof Falken"; „Hotel Schönwald". – , beh. .

Die Straße verläuft nahe der Wasserscheide zwischen Rhein und Donau. Die Breg-Quelle als Donau-Ursprung liegt unweit westlich zwischen den aussichtsreichen Höhen von *Brend* (1148 m) und *Roßeck* (1154 m). An der Breg besucht man jetzt die Schwarzwälder Uhrenstadt

Furtwangen (872 m; 11000 Einw.), 14 km, deren Beschreibung schon bei der vorhergehenden Route auf Seite 37 erfolgte. Von Furtwangen geht es dann auf der B 500 in mehrfach wechselnder, insgesamt aber südwestlicher Richtung weiter, bis die Bundesstraße bei Hinterzarten in die wildromantische *Höllentalstraße* B 31 (s. S. 46) mündet.

Rechts und links zweigen von dieser rund 25 km langen Strecke immer wieder landschaftlich empfehlenswerte Neben- und Talstraßen ab, so südwestlich von Furtwangen die *Simonswald-Straße* und die Straße nach St. Märgen – St. Peter, die als Rundtour in der Route 4 (s. S. 37) zusammengefaßt sind, in Gegenrichtung bei *Kaltenherberg* (1029 m), 24 km, die Straße nach *Urach* (alte Wehrkirche;) und *Bregenbach* (s. S. 41), die von dort dann weiter dem Bregtal nach Donaueschingen folgt, und schließlich bei km 29 dieser Route die abkürzende Verbindung durch das *Jostal* nach Titisee-Neustadt.

An der B 500 findet man jetzt einige einzelstehende Hotels und Gasthöfe, so bei Kaltenherberg (kurz danach sehr schöner Ausblick bei Lachenhäusle), bei der Abzweigung des Jostals und wenig später an der Straßenabzweigung nach St. Märgen das *Gasthaus Turner* (auch Thurner;)

in 1034 m Höhe, das schon zu St. Märgen zählt, während die anderen Häuser an der Bundesstraße jetzt zu

Breitnau (1020 m; 1750 Einw.), 35 km, gehören, einem Luftkurort auf sonniger Hochfläche, dessen Gemeindegebiet sich sehr weit ausdehnt und auch Hirschsprung, Höllsteig, Ravennaschlucht und Oberhöllsteig an der „Höllentalstraße" B 31 (s. Route 7 auf S. 46) einschließt.

ⓘ Kurverwaltung, im Rathaus, 7821 Breitnau, Tel. (07652) 1697. – 🚌.

🏨 „Hotel Hofgut Sternen"; „Hotel-Pension Kaiser's Tanne-Wirtshus"; „Hotel Sonnenhof".

🏠 „Gasthof Faller"; „Hotel zum Kreuz"; „Gasthof zum Löwen". – 🏊 im Kurhaus.

Südlich von Breitnau folgt die Einmündung, 40 km, der B 500 in die B 31, der die Route für wenige Kilometer durch *Oberhöllsteig* (s. auch S. 46) folgt bis zur Abzweigung nach

Titisee (858 m; 2000 Einw.), 46 km, Stadtteil von *Titisee-Neustadt* (insgesamt 11 000 Einw. als Doppelstadt). Die beiden Ortsteile liegen mehrere Kilometer auseinander. Der

**Titisee* (Abb. S. 6), der dem Ort seinen Namen gab, verdankt wie die meisten Schwarzwaldseen seine Entstehung der Eiszeit. Er wurde durch den sogenannten *Bärengletscher* ausgetieft. Heute erhält er seinen Zufluß durch den vom Feldsee kommenden *Seebach*, während der Abfluß durch die *Gutach* (später *Wutach*) erfolgt. Der See ist 2 km lang, im Schnitt 500 m breit, bedeckt also eine Fläche von rund 1 km^2. Er ist bis zu 40 m tief. In der Sommersaison finden regelmäßig Bootsfahrten auf dem auch wassersportlich vielgenutzten See statt.

Der *Ort Titisee* liegt am Nordostufer auf einem Moränenwall, der in der Eiszeit aufgeschoben wurde und den See gestaut hat. Er gehört zu den meistbesuchten Touristen-Zentren des Südlichen Schwarzwaldes. Seine Entwicklung (die erste urkundliche Erwähnung stammt schon von 1111) wurde durch den Bau der „Höllentalbahn" 1887 stark gefördert. Er bietet heute alle Einrichtungen, die man als Kur- und Erholungsgast erwartet. Das *Neue Kurhaus* wurde 1981 eröffnet.

Von Titisee erreicht man Route 7 in Richtung Feldberg – Todtnau und nimmt Route 13 nach Schluchsee – Waldshut ihren Ausgang (s. S. 47 und S. 57).

ⓘ Kurverwaltung in Titisee, 7820 Titisee-Neustadt, Tel. (07651) 8101.

🚂 Höllentalbahn Freiburg – Titisee – Neustadt – Donaueschingen (Station Titisee); Ausgangsbahnhof der „Dreiseenbahn" nach Schluchsee-Seebrugg.

🏨 „Titiseehotel", Seestr. 16; „Treschers Schwarzwaldhotel am See", Seestr. 12; „Kurhotel Brugger am See", Strandbadstr. 14; „Seehotel Wiesler", Strandbadstr. 5

🏠 „Hotel Bären", Neustädter Str. 35; „Hotel Waldlust", Neustädter Str. 41; „Gasthof Josen", Jostalstr. 90.

⛺ „Veltishof", Titisee, Bruderhalde.

⛺ Terrassen-Camping „Sandbank".

🏊. – 🏊 Strandbad und beheiztes Freibad.

Von der Ortsmitte Titisee sind es 3 km bis zur Ortsmitte von Neustadt.

Neustadt (828 m; 8000 Einw.), 49 km, der zweite Ortsteil von *Titisee-Neustadt*, führt wegen der deutlichen räumlichen Trennung von Titisee trotz der Verwaltungseinheit ein klares Eigenleben. Als Stadt im 13. Jahrhundert gegründet, ist Neustadt heute bekannter Kneippkurort, besitzt aber auch bedeutsame Holz- und Papierindustrie.

Sehenswert sind hier die neugotische *St.-Jakobus-Kirche* von 1900 sowie die *Neustädter Heimatstuben* mit verschiedenartigen interessanten Sammlungen zur Geschichte von Stadt und Land.

ⓘ Kurverwaltung in Neustadt, 7820 Titisee-Neustadt, Tel. (07651) 206-68.

🏨 „Romantik Hotel Adler-Post", Hauptstr. 16.

🏠 „Hotel Jägerhaus", Postplatz 1; „Hotel Neustädter Hof", Postplatz 5; „Gasthof Bären", Hauptstraße.

⛺ in Rudenberg.

🏊. – 🏊 beheizt.

Man verläßt Neustadt in nordöstlicher Richtung auf der Vöhrenbacher Straße und kommt bald nach

Eisenbach (992 m; 2200 Einw.), 53 km, einem Erholungsort in waldreicher Umgebung mit den Ortsteilen *Oberbränd* und *Bubenbach* östlich und *Schollach* westlich der Straße. In Eisenbach ist eine *Vogelsammlung* mit rund 160 präparierten Vögeln im Schulgebäude beachtenswert.

🛈 Kurverwaltung, Hauptstr. 22, 7821 Eisenbach, Tel. (07657) 498. – 🚌. – Unterkunftsbetriebe verschiedener Größe und Kategorien in allen Gemeindeteilen.

Nächster Ort und Kreuzungspunkt mit der Straße Kaltenherberg (B 500) – Donaueschingen (s. S. 39) ist

Bregenbach, 61 km. Es gehört zusammen mit seinem Nachbardorf als *Hammereisenbach-Bregenbach* (⌂) schon zu Vöhrenbach. Bei Hammereisenbach erhebt sich die *Ruine Neufürstenberg* auf einem Bergvorsprung. Die Burg wurde 1525 im Bauernkrieg zerstört.

Auf dem Weg von Hammereisenbach nach Vöhrenbach kann man einen Abstecher in westlicher Richtung zum 3 km entfernten *Linach-Stausee* machen. Er wurde 1922–1924 mit einer 28 m hohen und auf der Krone 150 m langen Sperrmauer errichtet und faßt über 1 Mio. m^3 Wasser.

Vöhrenbach (799 m; 4100 Einw.), 68 km, ist ein an dem von Furtwangen (s. S. 37) herüberkommenden Donau-Quellfluß *Breg* gelegener Erholungsort, der schon seit 1387 Stadtrechte besitzt.

🛈 Verkehrsamt, 7741 Vöhrenbach, Tel. (07727) 501115. – 🚌.

🏨 „Gasthof Friedrichshöhe"; „Gasthof Ochsen"; „Gasthof Kreuz".

⌂ „Gasthof Engel".

Aus dem *Bregtal* geht es nun in nordöstlicher Richtung hinüber ins Tal der *Kirnach* und zum Ort

Unterkirnach (900 m; 2100 Einw.), 77 km, einem weiteren Luftkurort dieser Landschaft mit Seeterrasse am *Talsee* und *Vogelpark Schloßberg* mit Freilichtbühne, Wildpflanzenpark und Waldlehrpfad.

🛈 Verkehrsamt, 7731 Unterkirnach, Tel. (07721) 800837. – 🚌.

🏨 „Hotel Hapimag Fohrenhof". – 🏊.

Die Straße folgt jetzt dem Lauf der Kirnach bis hin zur Einmündung in die *Brigach*, den zweiten Donau-Quellfluß, am westlichen Ortsrand der Doppelstadt

Villingen-Schwenningen (700 m; 80000 Einw.). Im Zuge dieser Route gelangt man in die Stadtmitte von *Villingen*, 86 km (von dort führt eine örtliche Verbindungsstraße ins 5 km östlich gelegene Zentrum von *Schwenningen*). Villingen und Schwenningen haben sich 1972 zu einer „Großen Kreisstadt" zusammengeschlossen. Die Doppelstadt ist im Nachbarband „Nordschwarzwald" als Endort der dortigen Route 10 ausführlich beschrieben.

Villingen-Schwenningen

Villingen besitzt sehenswerte Bauten wie *Münster, Altes* und *Neues Rathaus, Altes Kaufhaus,* ehemaliges *Franziskaner-Kloster* und *Franziskaner-Museum*.

🛈 Verkehrsamt, Rietstr. 8, 7730 Villingen-Schwenningen, Tel. (07721) 82311.

Unsere Route verläßt die Stadt auf der B 33 nach Nordwesten und erreicht, vorbei an *Mönchweiler* (⌂), 93 km,

St. Georgen (862 m; 14000 Einw.), 101 km, das als höchster Punkt der „Schwarzwaldbahn" Offenburg – Villingen – Singen ebenso bekannt ist wie als Zentrum spezieller Schwarzwälder Industriezweige: Phono-, Uhren- und Werkzeugproduktion. Besuchenswert ist das *Heimat-* und *Phonomuseum* im Rathaus. St. Georgen wird im Anschlußband „Nordschwarzwald" in Route 8 eingehender beschrieben.

🛈 Verkehrsamt, im Rathaus, 7742 St. Georgen. Tel. (07724) 8728, 8794. – 🚌.

Von St. Georgen nach Triberg sind es nur wenige, aber kurvenreiche Kilometer auf der B 33 mit Steigungs- und Gefällstrecken, die von der parallel zur Straße verlaufenden Schwarzwaldbahn in mehreren Tunnelstücken überwunden werden. Am Bundesstraßen-Dreieck mit der B 500 beginnt der innere Ortsbereich von

Triberg, 112 km (ohne Abstecher), dem Ausgangspunkt dieser Rundfahrt.

Route 6: „Kaiserstuhl-Rundfahrt" **Freiburg – Riegel – Breisach – **Freiburg (78 km)

Der *Kaiserstuhl* ist eine etwa 110 km² große Gebirgsinsel vulkanischen Ursprungs in der Oberrheinischen Ebene zwischen Schwarzwald und Rhein. Er erreicht im Totenkopf seine größte Höhe mit 557 m. Die fruchtbaren Löß- und Lavaböden sowie die hier relativ hohen Sommertemperaturen ermöglichen eine intensive, fast gartenähnliche Bodenkultur. Der Kaiserstuhl ist bekannt als Wein- und Obstanbaugebiet.

Man verläßt ***Freiburg*, dessen ausführliche Beschreibung mit Stadtplan auf Seite 17 beginnt, in nordwestlicher Richtung und kommt bald nach Überschreiten der Stadtgrenze nach

Hugstetten, 11 km, das zusammen mit seinem Nachbarort *Buchheim* in der *March* zwischen der kanalisierten *Dreisam* und der Autobahn A 5 (Anschlußstelle Freiburg-Nord) liegt. Als nächster größerer Ort wird – bei *Neuershausen* die Dreisam überquerend – das am Ostrand des Kaiserstuhls gelegene Winzerdorf

Eichstetten (189 m; 2600 Einw.), 16 km, erreicht. Die Siedlung wird schon 1052 urkundlich bezeugt. Auch von der 4 km entfernten Autobahn-Anschlußstelle *Nimburg* aus kann man hier in die Kaiserstuhl-Rundtour einsteigen.

Neben dem *Rathaus* und alten Bürgerhäusern ist eine *Bogenbrücke* von 1556 beachtenswert.

Bürgermeisteramt, 7837 Eichstetten, Tel. (07663) 2045. – .

„Gasthof Rebland"; „Gasthof zum Rößle"; „Gasthof zum Ochsen".

Die Fahrt geht nordwärts weiter über *Bahlingen* (; ,) nach

Riegel (181 m; 2800 Einw.), 24 km, dem nordöstlichsten Punkt dieser Rundfahrt. Auch von der direkt am Ort gelegenen gleichnamigen Autobahn-Anschlußstelle aus kann man die Kaiserstuhl-Fahrt beginnen. Der von Rebhügeln umgebene Ort zwischen Kaiserstuhl und Schwarzwaldhöhen, bei dem Dreisam und Elz zusammenfließen (durch den Leopold-Kanal strömen sie dann dem Rhein zu), war in der Römerzeit als Rigola bekannt. Im *Rathaus* (1784) findet man eine Ausstellung von Funden aus Bronze-, Kelten- und Römerzeit. Beachtenswert ist auch die barocke *St.-Martins-Kirche* von 1748.

Vogtsburg

Station Riegel an der Hauptstrecke Karlsruhe – Basel; Station Riegel-Ort an der „Kaiserstuhlbahn" Endingen – Gottenheim und Riegel – Breisach.

„Gasthof Kropf"; „Gasthof Arche"; „Gasthof Rebstock".

In Riegel biegt der Routenverlauf nach Westen auf die Straße nach Breisach ab, an der wenige Kilometer entfernt

Endingen (185 m; 7200 Einw.), 29 km, liegt. In dem malerischen Weinstädtchen mit gut erhaltenem alten Stadtbild gruppieren sich die meisten sehenswerten Bauten um den Marktplatz: *Altes Rathaus* von 1527 mit Portal und Giebel aus dem 18. Jahrhundert; *Neues Rathaus*, ein Patrizierhaus aus dem 18. Jahrhundert; *Kornhaus*, ein dreistöckiger Bau von 1617; *Marktbrunnen*, um 1500 aus rotem Sandstein geschaffen; *St.-Martins-Kirche* mit spätgotischem Chor und hübschem Sakramentshäuschen; *St.-Peter-Kirche* von 1773 mit gotischem Turm und barokker Ausstattung.

Kaiserstühler Verkehrsbüro, Hauptstr. 60, 7833 Endingen, Tel. (07642) 1555.

Riegel – Breisach.

„Hotel Pfauen", Hauptstr. 78.

„Gasthof Engel", Hauptstr. 10; „Gasthof Löwen", Hauptstraße.

Man verläßt Endingen durch das aus dem 15. Jahrhundert stammende *Königschaffhauser Tor*. Die Weiterfahrt auf der zur

„Badischen Weinstraße“ (s. auch Route 2) gerechneten Landesstraße führt nun an der Sackstraße zum Endinger Ortsteil *Amoltern* (Gasthof), mit der *Ruine Üsenburg,* vorbei und durch *Königschaffhausen,* 33 km, mit der Abzweigung nach *Kiechlinsbergen* (beide mit Gasthöfen und Pensionen).

Nächster Ort und Nordwestpunkt dieser Route ist das alte Rheinfischer- und Winzerdorf

Sasbach (181 m; 2700 Einw.), 35 km, mit den Ortsteilen *Jechtingen* und *Leiselheim*. Sehenswert sind bei Sasbach die *Burgruine Limburg* (272 m) auf dem *Limberg* mit schöner Aussicht, die *Wallfahrtskapelle* auf dem *Lützelberg* sowie die 1962 wiederhergestellte *Rheinbrücke*, im Ort selbst auch die *St.-Martins-Kirche* (1741) mit romanischem Glockenturm.

ⓘ Bürgermeisteramt, 7831 Sasbach, Tel. (07642) 1588. – 🚌.

⌂ „Gasthof Sasbacher Bürgerstube“; „Gasthof Sonne“, Jechtingen.

Von Sasbach aus fährt man parallel zum etwa 2 km entfernten Rhein durch *Jechtingen* (⌂; Abzweigung zur am Rhein gelegenen mittelalterlichen *Burgruine Sponeck*) jetzt nach

Burkheim (212 m; 850 Einw.), 39 km, früher das kleinste Städtchen am Kaiserstuhl, heute Ortsteil der Großgemeinde *Vogtsburg* (s. rechts). Ein malerisches Bild zeigt der Marktplatz des auf mehreren Terrassen eines kegelförmigen Kaiserstuhl-Vorsprungs angelegten Ortes mit seinem *Rathaus* von 1664 (schönes Renaissance-Portal) und einer Reihe von alten Fachwerkhäusern. Außerdem sind hier beachtenswert die Ruine des *Schwendi-Schlosses* (1525 von Bauern und im 17. Jh. durch die Franzosen zerstört) – der Graf von Schwendi hatte wesentlichen Anteil an der Begründung des Qualitätswein-Anbaus am Kaiserstuhl – und die *St.-Pankratius-Kirche* mit Wandmalereien aus der Zeit um 1500.

⛴ Riegel – Breisach.

⌂⌂ „Gasthof Kreuz-Post“; „Gasthof Krone“. – Pensionen.

*

Mit Burkheim hat man den westlichsten Ortsteil der Großgemeinde

Vogtsburg im Kaiserstuhl (5100 Einw.; Verkehrsverein im Ortsteil Bischoffingen, Brunngasse 5, Tel. 07662/462) kennengelernt, zu der sich 1975 eine Reihe von bekannten, zumeist im inneren Bereich des Kaiserstuhls gelegene Weinorte zusammengeschlossen hat; hier alle außerhalb der Rundtour (Burkheim, Niederrotweil) gelegenen Ortsteile in alphabetischer Folge.

Achkarren (220 m; 800 Einw.), südwestlichster Ortsteil von Vogtsburg. Nur geringfügige Mauerreste erinnern auf dem Schloßberg an einen hier im 16. Jahrhundert stehenden Herrensitz.

⌂⌂⌂ „Hotel am Weinberg“.

⌂⌂ „Hotel Krone“. – ⌂ „Gasthof Vulkanstüble“. – Zahlreiche Pensionen.

Bickensohl (250 m; 400 Einw.), zwischen Achkarren und Oberrotweil gelegen, ist

6

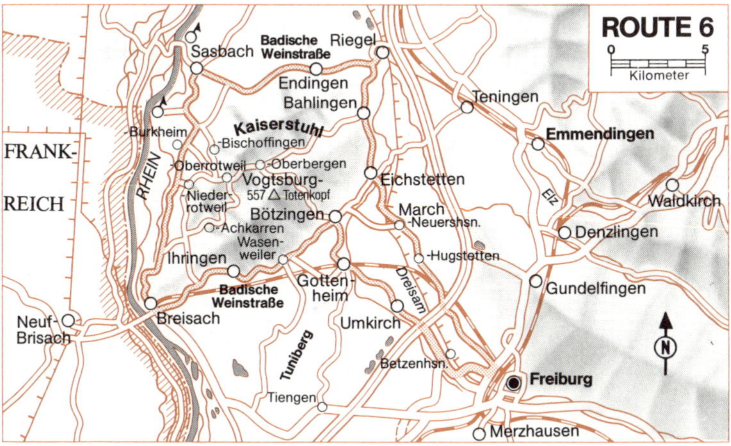

die Heimat bekannter Weinlagen, von denen einige schon in einer Chronik von 1558 genannt werden. Östlich von Bikkensohl erhebt sich der aussichtsreiche, 557 m hohe *Totenkopf-Gipfel*.

🏨 „Hotel Rebstock". – Pensionen.

Bischoffingen (224 m; 650 Einw.) liegt als nordwestlichster Vogtsburger Ortsteil östlich von Burkheim (s. S. 43). Sehenswert ist hier die *Dorfkirche* mit Wandmalereien des 14. Jahrhunderts im Chor.

⌂ „Gasthof Steinbuck"; „Gasthof Rebstock-Stuben". – Pensionen.

Oberbergen (246 m; 900 Einw.) liegt inmitten der Kaiserstuhl-Landschaft mit 42 ha großen Naturschutzflächen. Bei Oberbergen wurden Höckergräber der Jungsteinzeit und Überreste einer alten Wehranlage gefunden. Es werden *Kellerführungen* mit Weinproben und *Wanderführungen* (Natur- und Weinlehrpfad) veranstaltet; die Winzerkeller von Oberbergen haben ein Fassungsvermögen von 8 Millionen Litern.

ⓘ Verkehrsverein, 7818 Oberbergen, Tel. (07662) 397.

🏨🏨 „Hotel Schwarzer Adler".

⌂ „Gasthof Mondhalde". – Pensionen.

Oberrotweil (217 m; 1400 Einw.) ist Wein- und Ferienort in einem Tal an der Westflanke des Kaiserstuhls. Zur Römerzeit als Rotwilare bekannt, schrieb sich die kleine Gemeinde bis 1907 noch Rothweil. Heute ist Oberrotweil der größte Ortsteil von Vogtsburg, zu dem auch das nahegelegene *Niederrotweil* (s. weiterer Routenverlauf) gehört.

ⓘ Verkehrsverein, 7818 Vogtsburg-Oberrotweil, Tel. (07662) 6488. – 🚗.

🏨 „Hotel Winzerstube"; „Gasthof Neun Linden".

⌂ „Gasthof Bären"; „Gasthof Rebstock"; „Gasthof Jägerhof". – Zahlreiche Pensionen und Ferienwohnungen.

🏊.

Schelingen (310 m; 300 Einw.) am Fuße des Badberges (435 m) liegt von allen Vogtsburger Ortsteilen am weitesten östlich und kann auch über Bahlingen (s. S. 42) ebenso leicht erreicht werden wie von Oberbergen und Oberrotweil.

⌂ „Gasthof zur Sonne". – Einige Pensionen und Fremdenheime.

*

Die Route der Kaiserstuhl-Rundfahrt verläuft nun von *Burkheim* (s. S. 43) aus weiter südwärts, vorbei am wenig östlich der Straße gelegenen

Niederrotweil, 42 km (ohne Abstecher), ebenfalls ein Teil von Vogtsburg, mit der romanisch-gotischen *St.-Michaels-Kirche*, in deren Chor Fresken (14. Jh.) und ein berühmter *Schnitzaltar (16. Jh.) des Meisters HL sehenswert sind, nach

Breisach (195 m; 10000 Einw.), 50 km, zu dessen Besuch man von der Hauptstraße rheinwärts abzweigen muß. Die größte Stadt dieser Route liegt südwestlich des Kaiserstuhls auf einer felsigen Höhe über dem Rhein und ist historisch als alter Stromübergang bezeugt. Ihrer Bedeutung entsprechend wurde sie in verschiedenen Jahrhunderten wiederholt befestigt, umkämpft und zerstört.

Wiederhergestellt ist nach 1945 auch das zweitürmige romanisch-gotische **St.-Stephans-Münster* (12./14. Jh.) als Wahrzeichen der Stadt, in dessen Innern man eine Fülle von Kunstschätzen findet, wie Monumentalfresken von Martin Schongauer und den *Hochaltar des Meisters HL (1523–1526), ein Hauptwerk der deutschen Schnitzkunst (Abb. S. 10).

Zu den weiteren Sehenswürdigkeiten von Breisach gehören der *Europabrunnen* am Marktplatz, das *Museum für Ur- und Frühgeschichte*, der *Schloßberg* mit alljährlichen Freilichtspielen, das *Rheintor* (1670) und der *Freizeitpark*.

ⓘ Verkehrsamt, Gutgesellentorplatz 14, 7814 Breisach, Tel. (07667) 83227.

🚗 Freiburg – Breisach; Riegel – Breisach.

🏨🏨 „Am Münster", Münsterbergstr. 23.

🏨 „Breisacher Hof", Neutorplatz 16; „Kapuzinergarten", Kapuzinergasse 26.

⚠ Münsterbergstr. 30–32.

⛺ „Münsterblick" in Hochstetten. – 🏊.

Für die Rückfahrt nach Freiburg wählt diese Route den Weg über *Ihringen* (Hotels), 56 km, *Wasenweiler*, 59 km, *Bötzingen*, 63 km, *Gottenheim*, 67 km, und *Umkirch*, 71 km. Außerdem besteht die Möglichkeit, über *Tiengen* auf der B 31 schneller nach Freiburg zurückzukehren. Zwischen beiden Strecken liegt der *Tuniberg* als langgestreckter Lößrücken mit Obst- und Weinbau.

Auf dem Routenkurs erreicht man

****Freiburg** nach 78 km (ohne Abstecher).

Route 7: **Freiburg – Titisee – Feldberg – Todtnau – *Schauinsland – **Freiburg (92 km)

Man verläßt ***Freiburg*, dessen ausführliche Beschreibung mit Stadtplan auf Seite 17 beginnt, auf der oft stark befahrenen Bundesstraße 31 in südöstlicher Richtung durch den Freiburger Ortsteil

Ebnet (330 m; ⌂), 4 km, der an der *Dreisam* am Westrand des Zartener Beckens liegt. Beachtenswert ist das *Schloß* von Ebnet, eine der schönsten Schloßanlagen des 18. Jahrhunderts im Breisgau (keine Innenbesichtigung); im Schloßpark Sandsteinfiguren der vier Jahreszeiten.

Bei der Weiterfahrt – beim Ortsteil *Kappel* zieht das *Kappeler Tal* südwärts ins Schauinslandmassiv (s. S. 21) – führt die Hauptstraße nun weiter südostwärts durch das *Zartener Becken*, in das zahlreiche Nebentäler einmünden. Das Becken ist tektonischen Ursprungs und ein abgesunkener, von einer bis zu 80 m hohen Geröllschicht überdeckter Teil der Schwarzwaldberge. Zwischen Zarten und Kirchzarten vereinigen sich Rotbach und Wagensteinbach zur *Dreisam*.

Mit dem Ortsteil *Zarten* (⌂; renovierte Alte Kirche), wo nordwärts die Straße nach St. Peter (s. S. 38) abzweigt, beginnt dann der Hauptort des Zartener Beckens.

Kirchzarten (392 m; 8400 Einw.), 8 km, dessen Zentrum mit Kurhaus weiter südlich der Hauptstraße am Wege nach Todtnau (s. S. 47) liegt.

Zu den sehenswerten Bauten gehören die *St.-Gallus-Kirche* (1508–1510) und die *St.-Laurentius-Wallfahrskapelle* am Giersberg sowie die *Talvogtei*, eine ehemalige Wasserburg aus dem 14. Jahrhundert.

ℹ Verkehrsamt, im Rathaus, 7815 Kirchzarten, Tel. (07661) 393-9.

🚗 Freiburg – Titisee.

⌂⌂⌂ „Hotel Fortuna", Hauptstr. 7.

⌂⌂ „Hotel zur Sonne", Hauptstr. 28; „Gasthof zur Krone", Hauptstr. 44.

⌂ „Gasthof Föhrenbacher", Hauptstr. 18.

⛺ mit Freizeitanlagen beim Kurhaus.

🏊 beheizt. – Golfplatz.

*

Vor Antritt der Fahrt auf der Höllentalstraße sei noch auf drei „Vororte" von Kirchzarten hingewiesen, Buchenbach, Oberried und Stegen, die jeder über etliche Unterkunftsbetriebe verfügen:

Buchenbach (⌂) liegt östlich von Kirchzarten an der Straße nach St. Märgen im Tal des Wagensteinbaches mit den Ortsteilen Falkensteig, Unteribental und Wagensteig. Sehenswert sind die *Pfarrkirche St. Blasius und Agatha* (1796–1805; um 1900 in neugotischem Stil erweitert) und die *Kreuzwegkapelle* in Buchenbach (1892), die *St.-Nikolaus-Kapelle* in Wagensteig (um 1600, eine der ältesten Kirchen im Dreisamtal), die *St.-Nikolaus-Kapelle* (1606) in Falkensteig (s. unten) und die *Wallfahrtskapelle Maria Lindenberg* in Unteribental (1803, erweitert 1866).

Oberried (⌂) erstreckt sich südlich von Kirchzarten an der Straße nach Todtnau mit den zum Teil weiter entfernten Ortsteilen Hofsgrund, St. Wilhelm und Zastler. Bemerkenswert sind hier die barocke ehemalige *Klosterkirche* und der *Wallfahrsort zum Heiligen Kreuz* sowie vor allem im Ortsteil Hofgrund das *Bauernhausmuseum* in einem Bergbauernhaus von 1592.

Stegen (⌂) liegt nördlich von Kirchzarten an der Straße nach St. Peter mit den Ortsteilen Eschbach und Wittental. Seine Sehenswürdigkeiten sind *Schloß Weiler* mit gotischer Kapelle und die barocke *Pfarrkirche* von Eschbach.

*

Von Kirchzarten aus folgt man nun der B 31, hier auch als ***Höllentalstraße* bezeichnet, entlang des Rotbaches und dicht parallel zur Eisenbahnlinie Freiburg – Titisee – Donaueschingen („Höllentalbahn"). Vorbei an „Birkenhof" (⌂) und „Rainhof" (⌂) bei *Burg-Birkenhof* kommt man nach

Himmelreich (455 m; 🚗; ⌂), 12 km, wo die Straße nach Buchenbach – St. Märgen abzweigt. Hier beginnt das eigentliche *Höllental*; es wird vom *Rotbach* oder Höll(en)bach durchflossen. Die verkehrsreiche Straße weist Steigungen bis zu 10% auf und führt uns zu Falkensteig, Höllenpaß, Hirschsprung, St.-Oswald-Kapelle, Höllsteig und Ravennaschlucht.

Falkensteig (550 m; 250 Einw.; ⌂), 14 km, ist ein Ortsteil von *Buchenbach* (s. oben) und erstreckt sich von Himmelreich bis zum Hirschsprung. Die *St.-Nikolaus-Kapelle* stammt von 1606. Reste der *Burg Falkenstein* liegen nördlich der Straße. Hier beginnt der eindrucksvollste Teil der Höllentalstraße: der

7

Höllenpaß mit der erst im 18. Jahrhundert angelegten und im vorigen Jahrhundert ausgebauten Paßstraße (die eigentliche Paßhöhe wird erst später bei Oberhöllsteig erreicht). Die 1884–1887 erbaute und 1936 elektrifizierte Bahnlinie führt hoch am Hang entlang und überquert auf einem 57 m langen Viadukt den Engenbach. – Am

***Hirschsprung** steht auf einem eindrucksvollen Gneisfelsen die Bronzefigur eines Hirsches, der einer Sage zufolge hier das Höllental übersprungen haben soll. Nach dem ehemaligen Bahnhof „Hirschsprung" wird das Tal wieder breiter, und die Straße führt zwischen bis zu 600 m hohen Felswänden weiter bergan, vorbei am ehem. Bahnhof „Posthalde", zur

***St.-Oswald-Kapelle**, 20 km, dem 1148 geweihten und damit ältesten noch erhaltenen christlichen Heiligtum des Schwarzwaldes. Die Kapelle mit ihrem hübschen Turm wurde 1952 renoviert. – Das „Sternwirtshaus" (⌂), 21 km, liegt 713 m hoch und ist Rest einer alten Talsiedlung, wo noch im vorigen Jahrhundert stets etwa 50 Pferde bereitstanden, um die Gespanne für die Fahrt „durch die höllische Steige" zu verstärken. An der

Ravennaschlucht ist die Schlucht selbst mit ihrem Wasserfall ebenso beachtenswert wie der hochgelegene ehemalige *Bahnhof Höllsteig* und vor allem als technische Sehenswürdigkeit der *Ravenna-Viadukt*. An der Ravennabrücke lohnt die *Glashütte Höllental* einen Halt. Die Straße zieht hier in ausgebauten Kehren hinauf nach

Oberhöllsteig (900 m; 1800 Einw.), 25 km, wo von Norden die B 500 aus Richtung Furtwangen einmündet (s. Route 5) und wo südlich der B 31 der bekannte heilklimatische Kurort

Hinterzarten (895 m; 2200 Einw.), 26 km, liegt. Im Heimatort des Skiweltmeisters und Olympiasiegers Georg Thoma ist die modern erweiterte *Alte Pfarrkirche* sehenswert. Nahegelegenes Wanderziel ist das unter Naturschutz stehende *Hinterzartener Hochmoor*. Eine hübsche (für den Durchgangsverkehr gesperrte) Straße führt von Oberzarten hinunter zum Ortsteil *Bruderhalde* am Titisee.

ℹ Kur- und Verkehrsamt, beim Kurhaus, 7824 Hinterzarten, Tel. (07652) 1501.

🚌 Freiburg – Titisee.

🏨 „Parkhotel Adler", Adlerplatz 3.

Höllental mit Ravenna-Viadukt

🏨 „Thomahof", Erlenbrucker Str. 16; „Reppert", Adlerweg 23; „Kesslermühle", Erlenbrucker Str. 45.

⛺ „Bankenhof" und „Bühlhof" in Bruderhalde; „Weiherhof". – ⛺ Veltishof, Bruderhalde.

Von der Hauptstraße, die bei *Oberhöllsteig* (s. links) mit 915 m ihre größte Höhe erreicht, wird nun als östlichster Punkt dieser Dreiecksroute das Touristenzentrum des Südschwarzwaldes

Titisee (858 m; 2000 Einw.; Stadtteil von Titisee-Neustadt; Beschreibung von Stadt und See bei Route 5 auf S. 40), 32 km, angesteuert. Die B 31 umgeht Ort und See.

Die auch als *Feldbergstraße* bezeichnete B 317 zieht nun mit schönen Ausblicken über dem Südostufer des Titisees entlang (parallel zur kleinen Nebenbahn zum Schluchsee). Beim Ende des Titisees, 36 km, zweigt ostwärts die B 315 nach Lenzkirch – Bonndorf ab (s. Route 14). In

Feldberg-Bärental (967 m; mehrere Hotels, Gasthöfe und Pensionen), 40 km, das man vom Ort Titisee auch auf der reizvollen Norduferstraße über Bruderhalde erreichen kann, geht dann die B 500 von der Feldbergstraße ab, südostwärts in Richtung Schluchsee-Waldshut (s. Route 13). Bärental besitzt den höchstgelegenen Bahnhof der Bundesbahn.

Feldberg (1234 m; 2000 Einw.), 46 km, ist eine weitverzweigte Gemeinde mit den zum Teil auch abseits dieser Route gelegenen Ortsteilen *Altglashütten* (s. S. 57 bei Route 13), wo sich auch die Kurverwaltung befindet, *Bärental* (s. S. 46), *Falkau* und *Feldberg-Ort* als Mittelpunkt des ausgedehnten Naturschutzgebietes Feldberg. Seine „Höhepunkte“ sind:

Seebuck (1450 m), auf den vom „Feldberger Hof“ (1277 m; großer Parkplatz) ein Sessellift führt; Bismarckdenkmal und Fernsehturm des Südwestfunks, herrlicher Ausblick auf den *Feldsee* (1109 m) und das Bärental.

***Feldberg** (1493 m), nordwestlich davon, ein unbewaldeter Gneisstock und die höchste Erhebung des Schwarzwaldes mit weiter Aussicht auf Vogesen, Nördlichen Schwarzwald, Schwäbische Alb und Alpenkette; auf dem Gipfel Flugsicherungsanlagen und Wetterobservatorium.

Während diese beiden Gipfel nördlich der Straße liegen, befindet sich das *Bundesleistungszentrum Herzogenhorn* südlich am gleichnamigen Berg. Beachtenswert ist die *Feldbergkirche* (1964), die höchstgelegene Pfarrkirche Deutschlands.

ⓘ Kurverwaltung, im Ortsteil Altglashütten, 7828 Feldberg, Tel. (07655) 8019; Kurbüros in Feldberg-Ort, Falkau und Bärental.

Dreiseenbahn Titisee – Seebrugg, Station Feldberg-Bärental. –

„Feldberger Hof“.

„Berghotel-Gasthaus Scheidegg“.

„Hotel Jägermatt“.

„Hebelhof“, Paßhöhe –

Vom *Feldbergsattel* – südlich das Skigebiet *Fahler Loch*, nördlich die Abzweigung der *Todtnauer Hütte* (1319 m;) am Südhang des Feldberges – geht es durch die ehemalige Bergbausiedlung *Fahl* und *Brandenberg* in vielen Kurven hinunter nach

Todtnau (661 m; 4900 Einw.), 58 km, einem im Tal der oberen Wiese gelegenen alten Bergbauort. Hier wurde 1891 der erste deutsche Skiklub gegründet. Todtnau ist auch Ausgangs- bzw. Endpunkt der Routen 10 und 11 (s. S. 51 und S. 54).

ⓘ Kurverwaltung, 7868 Todtnau, Tel. (07671) 375 und 649. –

„Hotel Waldeck“; „Gasthof Sonne“; „Gasthof Bären“.

„Berggasthof Hasenhorn“; „Pension Marianne“; „Gasthof Feldberg“.

Weitere Unterkünfte in den Ortsteilen.

„Fleinerhaus“, Todtnauberg.

„Häuslegarten“, Aftersteg; „Hochschwarzwald“, Muggenbrunn. – ,

Die Rückfahrt nach Freiburg führt jetzt in nördlicher Richtung durch *Aftersteg* (785 m) und *Muggenbrunn* sowie an der Abzweigung, 60 km, nach *Todtnauberg* vorbei.

Beim *Waldhotel Notschrei* ( ), 66 km, muß man sich entscheiden, ob man den Weg über die *Schauinsland-Straße*, die bei Freiburg auf Seite 21 ausführlich beschrieben wird, oder über *Oberried* und *Kirchzarten* (s. S. 45) – vorbei am *Bergwildpark Steinwasen* – nehmen will. Bis

****Freiburg** beträgt die Rundtour so oder so 92 km (ohne Abzweige).

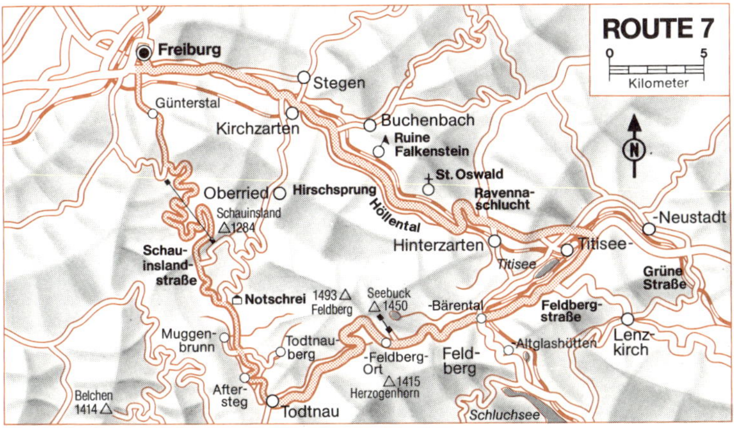

Route 8: Badenweiler – Schönau – *Belchen – Staufen – Badenweiler (77 km)

Karte S. 52.

Diese und die folgende Route 9 sind als Rundtouren im Raum zwischen der Badischen Weinstraße (Route 2) und dem Wiesetal (Route 10) angelegt. – Man verläßt den Kurort

Badenweiler (450 m; 3500 Einw.), dessen Beschreibung im Zuge der Weinstraßen-Route auf Seite 32 zu finden ist, ostwärts und steigt in kurvenreicher Fahrt hinauf zum *Sirnitzsattel* und schließlich zur Höhe des am Nordfuß vom *Köhlgarten* (1224 m) gelegenen aussichtsreichen Gasthofs *Haldenhof* (⌂) mit Wanderparkplatz. – Kurz darauf zweigt in

Hinterheubronn, 13 km, nordwärts eine Straße ab ins *Kleine Münstertal* und nach dem Münstertaler Ortsteil *Untermünstertal* (s. rechts). Von ihr kann man – knapp 2 km nordwestlich – zur straßenmäßig etwa nochmal so weit entfernten *Kälbelesscheuer* (1104 m; Berggasthaus) gelangen, zu der von Hinterheubronn auch ein Wanderweg führt.

Die Route zieht weiter nach Osten durch die Ortsteile *Mittelheubronn* und *Vorderheubronn*, das eine Stichstraße mit dem *Nonnenmatt-Weiher* (Angel- und Badegelegenheit, Wanderparkplatz) verbindet, nach

Neuenweg (741 m; 400 Einw.), 18 km, einem inmitten ausgedehnter Wälder am Südfuß des *Belchen* im Tal der Kleinen Wiese gelegenen Erholungsort (⌂, ⛺).

Mit schönen Aussichtspunkten verläuft die Straße jetzt durch *Böllen* (⌂) hinunter nach *Wembach*, 27 km, das schon dicht vor der Wiesetal-Straße B 317 südlich von

Schönau (542 m; 2300 Einw.), 28 km, liegt. Durch diesen, in Route 10 auf Seite 51 beschriebenen Ort geht die Fahrt für ein kurzes Stück auf der Bundesstraße nordwärts, bis man nach Nordwesten in Richtung *Belchen* und *Wiedener Eck* abbiegt, das man alternativ auch über *Utzenfeld* (Gasthöfe) und *Wieden* (Hotels, Gasthöfe, Pensionen) erreichen kann.

Nächster Ort auf dem Wege zum Belchen ist *Aitern* (⌂), 31 km, von dem die Straße über *Holzinshaus* nach *Multen* (⌂), 35 km, hinaufzieht. Hinter Multen zweigt die schmale 3 km lange *Belchenstraße* ab. Der

***Belchen** ist mit 1414 m der dritthöchste Berg und einer der schönsten Aussichtspunkte des Südlichen Schwarzwaldes. Die Kuppe des kegelförmigen Hauptberges ist unbewaldet. Vom Berghotel „Belchenhaus“ (🏨) führt ein Rundweg (30 Min.) um den Gipfel mit herrlichen Ausblicken.

Durch *Obermulten* erreicht man nun die Landesstraße Todtnau – Bad Krozingen, die als etwas kürzere und schnellere Alternativstrecke (ohne Belchen-Besuch) oben erwähnt wurde, beim

Wiedener Eck (1037 m), 39 km, mit gleichnamigem Berghotel (🏨) und ⛺. Das Eck bildet die Paßhöhe zwischen Wiesetal und Münstertal, zu dem es jetzt in etlichen Kurven und die Spitzkehre (602 m) bei *Obere Gasse* hinunter geht. In

Münstertal (450 m; 4500 Einw.) wurde seit dem Jahr 1000 Blei und Silbererz abgebaut und verhüttet. Der Bergbaubetrieb wurde 1958 eingestellt.

Zwischen *Obermünstertal* (Bienenkundemuseum), 50 km, und *Untermünstertal*, 55 km, wo das *Kleine Münstertal* einmündet (s. Hinterheubronn, links), liegt südlich der Straße das *Kloster St. Trudpert* mit seiner 1973/74 vollständig renovierten *Barockkirche von 1710. Im Ortsteil *Mulden* ist das *Schaubergwerk Teufelsgrund* einen Abstecher wert.

ℹ Kurverwaltung, im Rathaus Untermünstertal, 7816 Münstertal, Tel. (07636) 70730 u. 70740.

🚂 Bad Krozingen – Münstertal.

🏨 „Romantik-Hotel Spielweg“, Spielweg 61.

🏨 „Parkhotel beim Löwen“, Wasen 54. – ⛺ Dietzelbachstr. 6.

Von Untermünstertal verläuft die Route auf der Talstraße, parallel zur Bahnlinie, weiter nach

Staufen (290 m; 7100 Einw.), 61 km (Ortsbeschreibung s. S. 31), geht dort über in die südwärts entlang der Badischen Weinstraße führende Route 2 und endet wieder im Ausgangspunkt

Badenweiler nach 77 km Gesamtstrecke.

Route 9: Badenweiler – *Blauen – Zell im Wiesental – Schopfheim – Kandern – Badenweiler (68 km)

Karte S. 52.

Wie bei der vorhergehenden Route 8, die von Badenweiler aus eine Rundtour mit den landschaftlichen Höhepunkten Belchen und Münstertal empfiehlt, geht es auch bei dieser zweiten Runde von Badenweiler aus zwischen der Badischen Weinstraße und dem Wiesetal vor allem um landschaftliche Schönheiten und besonders reizvolle Nebenstraßen-Abschnitte im Südlichen Schwarzwald. Im Uhrzeigersinn verläuft diese Route von der Kurstadt

Badenweiler (450 m; 3500 Einw.), deren Beschreibung im Zuge der Weinstraßen-Route auf Seite 32 zu finden ist, in südöstlicher Richtung und lädt schon nach 5 km zum ersten Abstecher (2 km) auf den Badenweiler Hausberg, den 1165 m hohen

***Blauen** mit Berghotel (🏨) ein, der zur leichteren Unterscheidung vom Zeller Blauen (1077 m; s. S. 51) auch als „Hochblauen" bezeichnet wird. Er liegt von allen bedeutenden Schwarzwaldbergen mit etwa 12 km Luftlinien-Entfernung dem Rhein am nächsten. Der Blick vom 16 m hohen eisernen Aussichtsturm auf dem bewaldeten Gipfel reicht bei guter Sicht von den nördlichen und östlichen Schwarzwaldhöhen bis zu den Vogesen im Westen, zum Schweizer Jura und den Alpen im Süden.

4 km weiter erreicht man das nördliche Ende des *Kandertals* (s. auch Kandern S. 50), das zum Gemeindegebiet von

Malsburg-Marzell (365 m; 1650 Einw.) gehört. Wer nur eine kleine Runde von Badenweiler durch das Kandertal und über Kandern zurück in die Kurstadt machen will (gut 30 km), biegt hier in die Kandertal-Straße nach Süden ein. Der Ort Malsburg-Marzell wurde schon im 11. Jahrhundert vom Mönch Martin gegründet und hieß damals Martinszelle.

ℹ Gemeindeverwaltung, im Ortsteil Malsburg, 7841 Malsburg-Marzell, Tel. (07626) 238. – 🚌.

⌂ „Gasthof Krone"; Gasthof Stockberg"; „Pension Erika".

Der nächste Ort im Routenverlauf ist *Wies*, 14 km ohne Abstecher, von wo Nebentäler nordwärts zum Südfuß des *Köhlgarten* (1224 m) ziehen. Bald danach folgt im Tal der *Kleinen Wiese* der Ort

Tegernau (444 m; 450 Einw.), 19 km, mit der *Burgruine Neu-Waldeck*.

ℹ Gemeindeverwaltung, Landstr. 32, 7861 Tegernau, Tel. (07629) 208. – 🚌.

⌂ „Gasthof Sennhütte", Schwand; „Gasthof Rothenburg", Niedertegernau.

*

Wer den Ostteil des folgenden Routenverlaufs, der auf der Wiesetal-Bundesstraße 317 von Zell über Hausen und Schopfheim nach Steinen führt, abkürzend auslassen möchte, kann von Tegernau südlich – vorbei an der *Burgruine Rotenberg* – über *Wieslet* und *Enkenstein* dem Tal der Kleinen Wiese bis zu ihrer Einmündung in die Wiese bei *Gündenhausen* (an der B 317 zwischen Schopfheim und Steinen) folgen oder in Wieslet gleich in südwestlicher Richtung nach Steinen abbiegen.

*

Unsere Hauptroute zieht von Tegernau aus nach Südosten weiter durch die Zeller Ortsteile *Gresgen* (708 m; 🏨), 21 km – am Aussichtsberg *Rümmelsbühl* (775 m) vorbei – und *Adelsberg* (⌂), 23 km, nach

Zell im Wiesental (444 m; 6500 Einw.), 26 km, dessen Beschreibung auf Seite 51 im Zuge der Route 10 zu finden ist.

Die Route 9 folgt jetzt der B 317 für etwa 15 Kilometer. Außer Zell lernt man dabei auch die Wiesetal-Orte *Hausen,* 30 km, *Schopfheim,* 34 km, *Maulburg,* 38 km, und *Steinen,* 40 km, kennen, die alle auf den Seiten 51 und 52 bei der Durchgangsroute 10 beschrieben sind. In Hausen besteht noch einmal die Möglichkeit, unter Verzicht auf den Besuch von Schopfheim und Maulburg, vom Tal der Wiese zur 3 km entfernten Kleinen Wiese überzugehen und auf verkehrsärmeren Nebenstraßen über Enkenstein nach Steinen zu fahren. In

Steinen (335 m; 8600 Einw.; 🏨) verläßt die Route 9 das Wiesetal und die B 317 und führt in Richtung Kandern nordwärts. In den Steinener Ortsteilen nördlich des Flusses, durch die unsere Route

8

9

jetzt verläuft, gibt es sehenswerte Ziele, die einen Halt lohnen. So gelangt man – vorbei am ehemaligen *Kloster Weitenau* – über *Schlächtenhaus* zum im Ortsteil *Hofen* gelegenen **Vogelpark Wiesental*, der mehr als 1200 Tiere aus 300 Vogelarten in Freigehegen und in einem der schönsten Tropenhäuser Europas inmitten exotischer Pflanzen zeigt. Der Vogelpark ist von Mitte März bis Mitte November täglich von 9 bis 18 Uhr geöffnet (telefonische Auskunft unter 07627/7420).

Von *Schlächtenhaus* (405 m; ⌂) geht die Fahrt weiter in nordwestlicher Richtung und vorbei am *Platzhof* (△) zu Füßen des 702 m hohen *Münzenberges* zur Abzweigung nach *Endenburg* (660 m), das, noch als Ortsteil von Steinen, vor dem *Hohen Stück* (939 m) liegt. Neben einem Sanatorium „Haus am Stalten" gibt es hier mehrere Gasthöfe: ⌂⌂ „Gasthaus zum Alpenblick"; ⌂ „Gasthaus zum Pflug"; „Gasthaus Tanne".

Die Hauptroute verläuft jetzt weiter mit zahlreichen Kurven und Aussichtspunkten (u. a. beim *Glashüttenhof*) auf Kandern zu, in dessen östlichen Teil die *Kandertal-Straße* (s. auch Malsburg-Marzell, S. 49) einmündet. In der Ortsmitte von

Kandern (352 m; 7000 Einw.), 56 km ohne Abstecher, kreuzen sich die Schwarzwald-Straßen Badenweiler – Binzen (diese folgt ab Kandern dem Tal der Kander weiter südwärts) und Schliengen – Steinen.

Die „Brezel- und Töpferstadt", wie sich Kandern in der Touristenwerbung nennt – es gibt hier einige beachtenswerte Töpfereien, und „Kanderner Brezeln" gehören zu den kulinarischen Spezialitäten – liegt von Bergen umgeben als Erholungsort in geschützter Lage im Südosten des Markgräfler Landes.

Der Ort wird 776 erstmalig erwähnt und ist seit 1810 Stadt. Zu Kandern gehören heute zahlreiche Ortsteile wie *Feuerbach* (Johanniterkirche mit Barockorgel), *Holzen, Riedlingen, Sitzenkirch, Tannenkirch* (Fresken aus dem 15. Jahrhundert in der Kirche) und *Wollbach*. Sie sind bis zu 6 km vom Ortskern entfernt und meist im Westen des Städtchens angesiedelt.

Das *Heimat- und Keramikmuseum* der Stadt ist in einem spätgotischen Profanbau aus dem 16. Jahrhundert, dem „Staffelgiebelhaus", untergebracht. Es zeigt in mehreren Etagen Sammlungen, die an die Eisenverarbeitung (in früheren Zeiten in diesem Gebiet ein wichtiger Handwerkszweig) erinnern, wie auch solche, die sich mit der Bedeutung der Töpferei für die Entwicklung der Stadt befassen (Arbeiten aus der kunstkeramischen Abteilung der 1895 gegründeten Tonwerke Kandern). Daneben sind verschiedenartige heimatgeschichtliche Gegenstände beachtenswert.

Auf einem Wanderweg erreicht man die 3 km nördlich zwischen dem Ortsteil Sitzenkirch und dem Kandertal gelegene, aussichtsreiche *Ruine Sausenburg*. Die Burg wurde um 1230 erbaut und 1678 zerstört. Der Bergfried und Mauerteile sind bis heute erhalten.

ⓘ Verkehrsamt, Hauptstr. 18, 7842 Kandern, Tel. (07626) 7029.

🚂 Basel-Bad. Bhf. – Haltingen – Kandern (Museums-Dampfeisenbahn „Chanderli").

⌂⌂⌂ „Gasthof zur Weserei", Hauptstr. 70.

⌂ „Zur Krone", Bahnhofstr. 2; „Gasthof zum Storchen", An der Fischermühle 2; „Gasthof zur Blume", Basler Str. 8. Weitere Unterkünfte in den Ortsteilen als Gasthäuser und Pensionen.

△ in Platzhof (7 km östlich).

⛺ Terrassen-Camping. – ≈.

Man verläßt Kandern nach Norden und fährt durch den Ortsteil *Sitzenkirch* in Richtung Badenweiler. Kurz hinter Sitzenkirch besteht die Möglichkeit, nach *Obereggenen* (2 km) an die Badische Weinstraße abzuzweigen und damit auf die Route 2 (s. S. 33) überzugehen.

Einen Kilometer nördlich von dieser Abzweigung in westlicher Richtung zieht dann eine schmale Straße südostwärts hinauf zum *Schloß Bürgeln*, einem 1762 im Auftrag der Propstei St. Blasien errichteten Barockbau mit hübscher Kapelle und weiter Aussicht bis zu den Alpen und über das Rheintal hinweg auf die Vogesen (Schloßwirtschaft).

Vorbei an der *Burgruine Grüneck* (705 m) auf der Ostseite der Straße zieht die Route nun ihrem Endpunkt in Badenweiler zu. Die Fahrt führt durch die südlichsten Ortsteile des Kurbades. Von diesen liegt *Sehringen* (500 m; ⌂⌂), 66 km, direkt an der Hauptstraße, *Lipburg* (⌂) – mit dem „Türmli" als Wahrzeichen – 1 km weiter westlich an der Straße nach Niederweiler. Die Rundtour endet wieder im Zentrum von

Badenweiler nach 68 km Fahrtroute (ohne die vorgeschlagenen Abstecher).

Route 10: Todtnau – Zell – Schopfheim – Lörrach – Weil (46 km)

Karte S. 52.

Als große Diagonalstraße zwischen den Rheintal-Straßen Freiburg – Basel (Route 1) und Waldshut – Basel (Route 15) durchzieht die gut ausgebaute B 317 den südlichsten Teil des Schwarzwaldes von Nordost nach Südwest. Von Titisee bis Todtnau ist sie als „Feldbergstraße“ Teil der Route 7 (s. S. 45).

Todtnau (661 m; 4900 Einw.), dessen Beschreibung auf Seite 47 zu finden ist, liegt am oberen Wiesetal, von dem wenige Kilometer südlich Nebentäler in Richtung Todtmoos (Route 11) sowie nach Münstertal und zum Belchen (Route 8) abzweigen.

Der erste größere Ort an dieser Route und an der Wiese ist

Schönau (542 m; 2300 Einw.), 7 km. Die nördliche Nachbargemeinde *Utzenfeld* (Gasth.; s. auch Route 8 auf Seite 48) wird von der Hauptstraße umgangen. Das Städtchen Schönau ist Luftkurort in der geschützten Lage des *Schönauer Bekkens* am südöstlichen Fuße des *Belchen* (1414 m; s. Route 8 auf S. 48).

In der auch als „Münster des Wiesetals“ bezeichneten Schönauer *Pfarrkirche* ist der spätgotische Schnitzaltar (um 1530) eines unbekannten Meisters mit Darstellungen aus dem Marienleben beachtenswert. Beim Weiler *Michelrütte* kann man den größten eiszeitlichen *Findlingsblock* der Mittelgebirge bewundern: er ist 5,85 m lang, 3,20 m breit und 4,25 m hoch.

Kurverwaltung, 7869 Schönau, Tel. (07673) 408. – .

„Hotel Kirchbühl“, Kirchbühlstr. 6; „Hotel Adler“, Talstr.; „Hotel Ochsen“, Talstr. 11; „Gasthof Vier Löwen, Talstr. 18.

„Belchen“, in Oberwieden am Wiedener Eck (s. Seite 48).

in Schönenbuchen. – beheizt.

Durch *Fröhnd* gelangt man jetzt in die nördlichen Ortsteile von

Zell im Wiesental (444 m; 6500 Einw.), 18 km, das zwischen den aussichtsreichen Höhen von *Zeller Blauen* (1077 m), *Hohe Möhr* (983 m) und *Rümmelsbühl* (775 m) liegt. Markgraf Ludwig Wilhelm von Baden legte hier 1693 Befestigungen gegen die Franzosen an, deren Reste noch heute in der Landschaft deutlich zu sehen sind.

Zum Zeller Bergland zählen die Erholungsorte *Gresgen* am Rümmelsbühl, *Pfaffenberg* am Blauen (s. S. 49) und *Riedichen.*

Verkehrsverein, Schopfheimer Str. 3, 7863 Zell im Wiesental, Tel. (07625) 1774.

Basel-Bad. Bhf. – Lörrach – Zell (Wiesentalbahn).

„Hotel Löwen“, Schopfheimer Str. 2; „Hotel Drei König“, Kirchstr. 12. – „Pension Löwen“, Gresgen.

„Wiesengrund“, Mambach. – beh.

Nur wenig südlich von Zell liegt

Hausen im Wiesental (406 m), 22 km, wo der in Basel geborene Dichter Johann Peter Hebel seine Jugend verbrachte. Das unter Denkmalschutz stehende *Heimathaus Hebels* wurde 1562 erbaut und 1718 aufgestockt. 1860 wurde das im Hausener Eisenwerk gegossene *Hebeldenkmal* bei der Kirche aufgestellt. Hausen gehört schon zum Einflußbereich von

Schopfheim (380 m; 15700 Einw.), 26 km. Hier zweigt von der Wiese-Talstraße die B 518 über *Wehr* (s. S. 54) nach *Bad Säckingen* ab. Die B 317 schwenkt jetzt aus der bisher durchgehend südlichen Fahrtrichtung nach Westen um und wird auf der Reststrecke dieser Route nun auf beiden Seiten des Flusses von einigen kleineren Industrieorten begleitet.

In Schopfheim ist die spätgotische *St.-Michaels-Kirche*, ein Neubau von 1482 auf älteren Resten, sehenswert. Der spätromanische Turmunterbau stammt aus dem 13. Jahrhundert, die Höcklinkapelle aus der Zeit um 1400 (Wandmalereien). Beachtenswert sind im Ort auch das klassizistische *Rathaus* (1820–1830) am Marktplatz und das *Alte Tor*. – In der Nähe das Naturwunder *Eichener See.*

Hauptausflugsziel ist die 5 km östlich an der B 518 gelegene **Erdmannshöhle* (s. S. 54) in Hasel.

Verkehrsamt, Rathaus, Hauptstr. 31, 7860 Schopfheim, Tel. (07622) 396-116.

Basel-Bad. Bhf. – Zell.

„Hotel Löwen“, Gündenhausen 16;

„Hotel Metropole“, Friedrichstr. 3; „Hotel Adler“, Hauptstr. 100; „Bahnhofhotel“, Bahnhofstr. 10; „Hotel zum Statthalter“, Wehrer Str. 36.

Südlich der jetzt dicht am Fluß als Umgehungsstraße entlangziehenden B 317 erstreckt sich *Maulburg* (353 m; 3700 Einw.; , ;), 30 km, dicht gefolgt von dem nördlich der Wiese gelegenen

Steinen (335 m; 8600 Einw.), 33 km. Hier ist ein aus dem 12. Jahrhundert stammendes, 1563 neu errichtetes *Altes Schloß* beachtenswert. Als touristisches Hauptziel gilt der 6 km entfernte *Vogelpark Wiesental* in Hofen (s. Route 9 auf S. 50).

Bürgermeisteramt, 7853 Steinen, Tel. (07627) 624.

Basel-Bad. Bhf. – Zell.

„Hotel Pflüger“, Lörracher Str. 15.

Mehrfach die Wiese überquerend, verläuft die B 317 jetzt zur *Anschlußstelle Lörrach* der A 98, 39 km, und weiter zur Stadtmitte von

Lörrach (294 m; 41000 Einw.), 42 km, dessen Ortsbeschreibung auf Seite 22 beginnt. – Die Route endet in

Weil (261 m; 26000 Einw.), 46 km (s. S. 28).

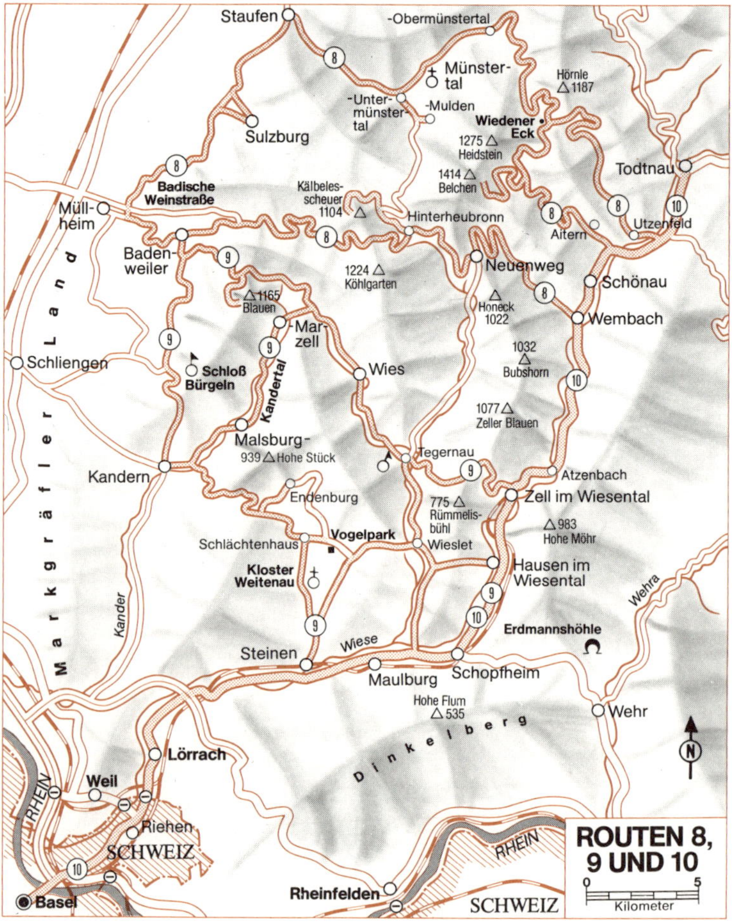

Route 11: *Bad Säckingen – Herrischried – Todtmoos – Todtnau (46 km)

Karte S. 58.

Von Süd nach Nord verläuft diese Strecke und verbindet so die Oberrhein-Route 15 mit den Routen 7 und 10 in Todtnau. Für zwei Drittel der Fahrt kann man von Bad Säckingen bis Todtmoos zwischen der Hauptstraße über Herrischried und der praktisch gleichlangen Wehratalstraße wählen. Die Entscheidung muß schon in der Ortsmitte von

***Bad Säckingen** (290 m; 15000 Einw.), fallen. Diese Stadt am Oberrhein wird auf Seite 61 in der Route 15 beschrieben. Für den Hauptverlauf der Route verläßt man Säckingens Stadtmitte nordwärts auf der Landesstraße in Richtung Todtmoos, die mit großen Kurven und Schleifen auf die Höhen des westlichen Hotzenwaldes hinaufzieht. Der

Hotzenwald, auch als *Hauensteiner Land* bekannt, erstreckt sich zwischen Oberrhein im Süden und Todtmoos im Norden, vom Wehratal im Westen bis zum Schwarzatal im Osten. Er wird von den zum Oberrhein führenden Hauptflüssen *Murg* und *Alb* in Nord-Süd-Richtung durchzogen. – Der Erholungsort

Rickenbach (750 m; 3400 Einw.), 13 km, liegt mit seinen Ortsteilen *Altenschwand* (844 m), *Bergalingen* (789 m), *Egg* (759 m; Trimm-Dich-Pfad), *Hottingen* (681 m), *Hütten* (842 m; Wildgehege), *Rüttehof* (827 m) und *Willaringen* (711 m) rechts und links der Route, die man hier auch von Murg oder Laufenburg am Oberrhein (s. Route 15 auf S. 62) aus auf landschaftlich reizvoller Nebenstraße erreichen kann.

Im *Kurbad Hotzenwald* kann man baden und schwimmen, sich massieren lassen und saunen. Auch Minigolf sowie einen 9-Loch-Golfplatz bietet Rickenbach seinen Besuchern.

ⓘ Verkehrsamt der Gemeindeverwaltung, 7884 Rickenbach, Tel. (07765) 1017. – 🚌.

🏨🏨 „Golf- und Kurhotel“, Hennematt; „Hotel Engel“, Alemannenhof.

Von der Route führen im Bereich von Rickenbach mehrere nach Westen abzweigende Nebenstraßen zum hoch über dem Wehratal (s. S. 54) gelegenen Dorf *Hornberg* (969 m) mit dem *Hornberg-Becken* (1030 m), einem großen Staubekken auf künstlich angelegtem freistehenden Hügel; ein Rundweg um das Becken bietet weite Aussicht. Beachtenswert ist auch die benachbarte *Ödlandkapelle* (1002 m).

Auf der Hauptstraße kommt man jetzt in den Gemeindebereich des im Murgtal liegenden Luftkurortes

Herrischried (874 m; 2200 Einw.), 18 km, zu dem neben dem als Abstecher schon besuchten Hornberg auch die Ortsteile *Großherrischwand, Hogschür, Niedergebisbach, Rütte* und *Wehrhalden* gehören.

Herrischried war Hauptort des ehemaligen Waldbauern-Freistaates Hotzenwald und bezeichnet sich in der Fremdenverkehrswerbung heute als „Sonnenterrasse im Hotzenwald“. Neben Hallenbad mit Liegewiese findet man hier für den Sommerurlaub ein Tenniscenter mit Frei- und Hallenplätzen, Freiluftschach, einen Freizeitsee, Minigolf-Bahnen und eine Wassertretstelle, für den Winterurlaub eine Eissporthalle, Skilifte mit Flutlicht, Langlaufloipen und Rodelmöglichkeiten.

Sehenswert sind in Herrischried selbst, dessen Ortsmitte westlich der Hauptstraße liegt, die *Pfarrkirche* von 1849 mit Gemälden eines Tiroler Meisters, im Ortsteil *Hogschür* (östlich der Durchgangsstraße) eine *Kapelle* mit Plastiken aus dem 13. bis 18. Jahrhundert sowie im Ortsteil *Großherrischwand* – nordwärts an der Route gelegen – der 1980/81 aus Resten eines alten Hotzen-Hochsäulenhauses, in dem Wohnungs- und Wirtschaftsteil unter einem Dach vereint sind, errichtete *Klausenhof*. In diesem als eines der ältesten Häuser des Schwarzwaldes geltenden Gebäude ist das *Hotzenhaus-Museum* untergebracht.

ⓘ Verkehrsamt, 7881 Herrischried, Tel. (07764) 6191. – 🚌.

🏨 „Alpenblick“, Niedergebisbach; „Hotel-Pension Waldheim“, Kleinherrischwand.

⌂ „Gasthof zum Ochsen“; „Pension Schwarzwaldstüble“; „Pension Café Vogl“. – „Gasthof Mühle im Schwarzwald“, Hornberg; „Gasthof Wehrhalder Hof“, Wehrhalden; „Pension Café Rehwinkel“, Wehrhalden.

⛺.

11

Durch den nördlichsten Ortsteil von Herrischried, *Wehrhalden*, 23 km, geht die Fahrt weiter – an einem kleinen Naturschutzgebiet vorbei – nach

Todtmoos (821 m; 2500 Einw.), 29 km, dessen Ortsbeschreibung am Ende des Textes über die alternative Fahrstrecke durch das Wehratal steht (s. rechts).

*

Wer statt der Landesstraße von Säckingen nach Todtmoos die gleichlange Strecke durch das *Wehratal* wählt, verläßt die Stadt auf der B 34 entlang des Oberrheins (s. auch Route 15 auf S. 61) zunächst nach Nordwesten und geht bei *Öflingen,* 5 km, auf die Bundesstraße 518 über nach

Wehr (365 m; 12000 Einw.), 11 km, einem Erholungsort am Ausgang des Wehratals, dem diese Route von hier aus dann in nordöstlicher Richtung folgt. Wehr wird schon 1092 als „Werra" urkundlich genannt, und im Schutz der Burg Werrach (s. unten) war der Ort lange Zeit Zentrum einer gleichnamigen Grafschaft.

Zu den Sehenswürdigkeiten gehören neben *Altem* und *Neuem Schloß* die *Burgruinen Bärenfels* und *Werrach* ebenso wie die 4 km entfernte, vom Ortszentrum nordwärts unweit der Bundesstraße gelegene

***Erdmannshöhle** beim Dorf *Hasel.* In der an Höhlen relativ armen Schwarzwaldlandschaft ist diese Tropfsteinhöhle besonders bedeutsam. Nach der Sage sollen in ihrer bizarren Märchenwelt die Erdmännchen gehaust haben. Sowohl im dichterischen Werk Victor von Scheffels als auch Johann Peter Hebels wird die Höhle erwähnt. Sie wurde 1753 entdeckt, aber erst in jüngerer Zeit erschlossen. Ihre Gesamtausdehnung wird auf rund 15 Kilometer geschätzt. Der gesicherte und elektrisch beleuchtete Besuchersteg ist 560 m lang und wird von einem unterirdischen Bach begleitet. Die einzelnen Räume der Höhle tragen neben einigen sachlichen Bezeichnungen wie „Bachhöhle" und „Hoher Tropfstein" meist Phantasienamen: „Fürstengruft", „Krokodil", „Orgelpfeifen", „Palmenstämme", „Rittersaal" oder gar „Turmbau zu Babel".

ⓘ Verkehrsverein, Hauptstr. 31, 7867 Wehr, Tel. (07762) 9479. – 🚌.

🏨🏨 „Hotel Adler", Hauptstr. 30.
🏨 „Hotel Klosterhof", Frankenmatt 8.
⌂ „Gasthof Schwert", Öflinger Str. 112.

Auf der Fahrt von Wehr durch das Wehratal geht es vorbei an der aussichtsreichen *Burgruine Bärenfels* (705 m) östlich der Straße und am Wehratal-Staubecken auf der Westseite, dann unterhalb vom *Hornberg* (s. S. 53) entlang zur Straßenabzweigung bei *Todtmoos-Au,* 23 km. Hier zieht eine kurvenreiche Nebenstraße, von 680 auf 856 m ansteigend, hinauf nach dem 6 km entfernten

Gersbach (856 m; 800 Einw.). Der Erholungsort – für Sommer- wie Winteraufenthalt gleichermaßen geeignet – wird im Norden von bis zu 1200 m hohen bewaldeten Bergen abgeschirmt, während sich nach Süden der Blick bis ins Rheintal und bei guter Sicht sogar bis zu den Schweizer Alpen öffnet.

ⓘ Verkehrsbüro, Wehratalstr. 10, 7860 Schopfheim-G., Tel. (07620) 227. – 🚌.

⌂ „Naturfreundehaus Gersbacher Hörnle", Am Hörnle 4; „Gasthof zur Mühle; „Gasthof Auerhahn"; „Gasthof Hägihof"; „Gasthof Pflug".

Von *Todtmoos-Au* (680 m; Pension), 23 km ohne den Abstecher nach Gersbach, geht es weiter im Tal der Wehra über *Todtmoos-Glashütte* (730 m; Gasthof, Pension) nach der Ortsmitte von

Todtmoos (821 m; 2500 Einw.), 29 km. Hier trifft diese Route mit der folgenden Rundtour 12 zusammen.

Todtmoos ist heilklimatischer Kurort in dem nach Süden offenen Hochtal der *Wehra.* Auch als Wallfahrtsort ist die aus dreizehn Ortsteilen bestehende Gemeinde bekannt. So gehört zu ihren Sehenswürdigkeiten denn auch vor allem die an der Kirchbergstraße gelegene *Wallfahrtskirche Unserer lieben Frau.* Am Platz einer hier schon im 13. Jahrhundert bezeugten Kapelle entstand eine 1627 geweihte Kirche, die, im folgenden Jahrhundert umgebaut und neu ausgestattet, 1927 abermals erweitert wurde. An der Westfassade Turm mit Durchfahrttor.

ⓘ Kur- und Verkehrsamt, im Kurhaus, 7865 Todtmoos, Tel. (07674) 534 u. 536. – 🚌.

🏨🏨 „Todtmooser Hof", Auf dem Köpfle.

🏨 „Hotel Löwen", Hauptstr. 23; „Hotel Maien", Hauptstr. 2; „Hotel Ratsstüble", Bergleweg 2.

Von Todtmoos zieht die Route am 1263 m hohen *Hochkopf* vorbei (s. auch Route 12 auf S. 56) durch die Ortsteile *Präg* und *Geschwend* nach

Todtnau (661 m; 4900 Einw.; Ortsbeschreibung s. Route 7, S. 47), 46 km.

Route 12: Schluchsee – St. Blasien – Todtmoos – Bernau – Schluchsee (69 km)

Karte S. 58.

Der gut 5 km^2 große, 8 km lange und 1 bis 1½ km breite, fischreiche

Schluchsee ist ein im Flußlauf der *Schwarza* künstlich aufgestauter See. Er ist 60 m tief und hat einen Stauinhalt von maximal 108 Mio. m^3 (im Sommer Motorbootsverkehr; Wassersport). Er entstand ab 1929 auf dem Gebiet eines ehemaligen Hochmoors und des bis dahin nur etwa 1 km^2 großen Schluchsees. Die fast 35 m hohe und 270 m lange Staumauer dieses heute größten Schwarzwaldsees liegt bei *Seebrugg* am Südostende. Die Anlage dient zur Stromgewinnung durch die Schluchsee-Kraftwerk-AG, die das Gefälle von insgesamt 620 m Höhenunterschied bis zum Oberrhein in mehreren Stufen ausnutzt.

Diese Rundtour beginnt am Ostufer des Sees im gleichnamigen heilklimatischen Kurort und Zentrum der Gemeinde

Schluchsee (930 m; 2750 Einw.), zu der auch die Ortsteile *Aha-Äule, Blasiwald, Faulenfürst, Fischbach-Hinterhäusern, Schönenbach* und *Seebrugg* gehören. Baulicher Mittelpunkt des Ortes (1800 Einw.), der einer der ältesten Kurplätze des Schwarzwaldes ist, bleibt der zwiebelgekrönte Turm der *Nikolauskirche* von 1275, dem ein neues Kirchenschiff mit gewalmtem, sich fast bis zum Erdboden herunterziehenden Schindeldach angebaut wurde. – Wer sich für technische Sehenswürdigkeiten interessiert, kann das *Schluchsee-Kraftwerk* bei Seebrugg nach Voranmeldung besichtigen.

ⓘ Kurverwaltung, Fischbacher Straße, 7826 Schluchsee, Tel. (07656) 7732.

Dreiseenbahn Titisee – Schluchsee – Seebrugg.

„Hetzel-Hotel Hochschwarzwald“, Am Riesenbühl 13.

„Kurhotel Schluchsee“; „Parkhotel Flora“, Sonnhalde 22; „Hotel Sternen“, Dresselbacher Str. 1; „Gasthof Schwörer“; „Hotel Schiff“, Kirchplatz 10; „Hotel Haldenhof“.

Schönenbach. – beheizt.

Im Wolfsgrund 28 und im Ortsteil Seebrugg.

„Wolfsgrund“.

Bis Seebrugg verläuft die Bundesstraße 500 zusammen mit dem letzten Stück der Bahnstrecke am Seeufer entlang und folgt dann dem Schwarzatal südwärts. Westlich der Straße erstreckt sich der Schluchseer Ortsteil *Blasiwald* (,) vor dem *Bötzberg* (1209 m), auf der Ostseite erhebt sich der *Hochstaufen* (1095 m). Im Ortsteil *Schwarzabruck* des Luftkurortes

Häusern (899 m; 1300 Einw.), 10 km, geht der Blick von einer Aussichtsterrasse hinunter zum 200 m tiefer gelegenen *Kraftwerk Häusern* mit dem zweiten, als *Schwarzasee* wesentlich kleineren Staubecken der Schluchsee-Kraftwerke. Das 1931 mit vier Wasserturbinen von je 50000 PS in Betrieb genommene Kraftwerk ist mit dem Schluchsee durch Rohre als *Pumpspeicherwerk* verbunden.

ⓘ Kurverwaltung, St.-Fridolin-Str. 5, 7822 Häusern, Tel. (07672) 1462. – .

„Hotel Adler“, St.-Fridolin-Str. 15.

„Hotel Albtalblick“, St.-Blasier-Str. 9.

„Hotel Waldlust“, In der Würze.

im Hotel Adler. – Waldfreibad.

In Häusern verläßt diese Route die nach Süden in Richtung Waldshut weiterführende B 500 und zieht ins Tal der Alb – wenig südlich der *Albsee* (s. S. 58 bei Route 13) – und hinein nach

St. Blasien (762 m; 4200 Einw.), 14 km, einem vielbesuchten heilklimatischen und Kneippkurort in geschützter Tallage. Wahrzeichen der Stadt, in die 1974 auch *Albtal* und *Menzenschwand* eingemeindet wurden, ist die ehemalige *Benediktinerabtei* mit ihrer frühklassizistischen Kuppelkirche. Das Kloster wurde im 11. Jahrhundert selbständig, nachdem es vorher unter der Obhut der Benediktiner von Rheinau bei Schaffhausen gestanden hatte. Trotz der einsamen Lage inmitten des damals noch unbesiedelten Südlichen Schwarzwaldes wurde St. Blasien bald das bedeutendste Kloster am Oberrhein. 1746 wurden seine Äbte in den Fürstenstand erhoben.

Die Abtei wurde 1807 aufgehoben und die Mönche, die nach St. Paul im Laventtal in Kärnten gingen, nahmen viele Schätze des Klosters mit. Seit 1933 ist St. Blasien Sitz eines Jesuitenkollegs (Gymnasium mit Internat).

Die mit einer Säulenvorhalle versehene stattliche***Klosterkirche* ist ein großartiges Beispiel des Frühklassizismus und eine Nachbildung des antiken Pantheon in Rom (heute Sta. Maria Rotonda). Die Kirche wurde 1768–1781 erbaut. Die *Kuppelrotunde ist 72 m hoch und hat einen Durchmesser von 33,5 m. Von der Innenausstattung wurde durch die Säkularisierung und einen Brand 1874 viel zerstört. Zum Jubiläumsjahr 1983 wurden sowohl die Rotunde des Doms als auch die 1977 von einer weiteren Brandkatastrophe betroffenen Teile des Süd- und Südwestflügels der Klosteranlage gründlich renoviert. Von den Ende des 18. Jahrhunderts erbauten heutigen Klostergebäuden ist die Westseite die Hauptfront.

ⓘ Kurverwaltung, im Haus des Gastes, 7822 St. Blasien, Tel. (07672) 41430. – 🚌.

⌂⌂⌂ „Hotel Bellevue“, Am Kalvarienberg; „Domhotel“, Hauptstr. 4; „Hotel Dossenbach“, Hauptstraße; „Hotel Klosterhof“, Am Kurgarten.
⌂⌂ „Hotel Café Kurgarten“, Fürst-Abt-Gerbert-Str.
⌂ „Gasthof Klostermeisterhaus“, Im süßen Winkel 2; „Gasthof Alter Hirschen“, Hauptstraße. – 🏊 beheizt.

Man kann von St. Blasien aus als kleinere Rundfahrt nun sogleich im Albtal in nordwestlicher Richtung weiter aufwärts fahren und – an der *Ruine Tusculum* vorbei – durch *Menzenschwand* (s. rechts) zum Nordende des Schluchsees zurückkehren (22 km insgesamt dann bis Schluchsee-Ort). Für die hier vorgeschlagene größere Route auf herrlichen Schwarzwaldstraßen verläßt man St. Blasien statt dessen nach Westen und fährt durch

Ibach (1050 m; 350 Einw.; ⌂), 20 km, einen Ferienort mit zahlreichen charakteristischen Schwarzwaldhäusern in mehreren Ortsteilen. Die landschaftlich schönere Hauptstraße umgeht das Ortszentrum nördlich durch *Mutterslehen*.

Westlich von Ibach kommt man bald nach

Todtmoos (821 m; 2500 Einw.), 28 km, dessen Beschreibung bei der vorhergehenden Route 11 auf Seite 54 zu finden ist. Beide Routen verlassen den Ort gemeinsam durch *Todtmoos-Weg* (⌂⌂, ⌂) nach Nordwesten, umfahren den aussichtsreichen *Hochkopf* (1263 m) an seiner Westseite in teilweise serpentinenartigen Kurven und trennen sich im ersten Todtnauer Ortsteil Präg (⌂⌂, ⌂), 38 km.

Hier beginnt gewissermaßen die „Rückfahrt“ dieser Rundtour in östlicher Richtung. Sie führt durch den weiten Gemeindebereich des Luftkurortes und „Sonnenuhrendorfes“

Bernau (930 m; 1700 Einw.), 47 km bis Bernau-Dorf, dessen Ortsteile rechts und links der Straße liegen, u.a. *Innerlehen* mit modernem Kurhaus. Bernau ist der Geburtsort des Malers *Hans Thoma* (1839–1924) und auch durch die Herstellung von kunstgewerblichen Holzwaren bekannt.

Eine Besichtigung lohnen das *Geburtshaus* des Malers in Bernau-Oberlehen und das *Hans-Thoma-Museum* mit 80 Gemälden des Künstlers im Rathaus. Ein heimatgeschichtliches *Bauern- und Holzschnefler-Museum* befindet sich im „Resenhof“, einem 200 Jahre alten Hochschwarzwälder Eindach-Hof.

ⓘ Kurverwaltung, 7821 Bernau, Tel. (07675) 896. – 🚌.

⌂⌂ „Gasthof Rößle“, Innerlehen; „Hotel zum Adler“, Riggenbach; „Gasthof Schwanen“, Oberlehen; „Hotel Stöckerwald“, Oberlehen.

⛺ Wintercamping „Spitzenberg“, Dorf.

Statt von Bernau im Albtal nach St. Blasien zurückzuführen, zweigt diese Route jetzt am Ostrand der Gemeinde fast rechtwinklig nach Norden ab in den St. Blasier Ortsteil

Menzenschwand (600 Einw.), 56 km, der sich westlich der Straße in *Vorderdorf* (878 m) und *Hinterdorf* (908 m) gliedert. Sehenswert sind in dem Luftkurort und Wintersportplatz am Südhang des Feldbergs neben der *Pfarrkirche St. Martin* ein *Wildgehege* zwischen den beiden Ortsteilen sowie die Schlucht der *Menzenschwander Alb* mit Wasserfällen.

ⓘ Kurverwaltung, 7822 Menzenschwand, Tel. (07675) 876. – 🚌.

⌂⌂⌂ „Hotel Sonnenhof“, Vorderdorfstr. 58.

⌂⌂ „Hotel Hirschen“, Hinterdorfstr. 18. – ⛺.

Weiter geht es von Menzenschwand aus auf kurviger Straße über *Äule* und *Oberaha* zur Nordwestspitze des Schluchsees bei *Unteraha,* 64 km, und am Seeufer entlang auf der B 500 zurück zum Ausgangspunkt der Route, nach

Schluchsee, 69 km.

Route 13: Titisee – Schluchsee – Höchenschwand – *Waldshut (49 km)

Karte S. 58.

In Nord-Süd-Richtung verbindet diese Route Titisee und das Feldberg-Gebiet mit dem Oberrheintal. Im südlichen Abschnitt bietet sich das Albtal als Alternativstrecke an.

Man verläßt *Titisee* (s. S. 40) auf der Bundesstraße 317 bis *Feldberg-Bärental* (s. auch Route 7), 8 km, und zweigt dort auf die B 500 ab, der man bis Waldshut folgt. Zunächst passiert die gut ausgebaute Straße Neuglashütten (westlich) und Altglashütten (östlich) und führt dann am Windgfällweiher vorbei.

Altglashütten (993 m; 700 Einw.), 10 km, ist als Luftkurort Teil der Gemeinde Feldberg (s. S. 46). Im 17. Jahrhundert wurde hier Glas hergestellt. 1706 wurde die Glashütte dann nach Neuglashütten verlegt. Unterkunft in zahlreichen Hotels, Pensionen, Fremdenheimen und ⚠ s. Feldberg (S. 46). – Der

Windgfällweiher (⛵) ist ein künstlich gestautes Becken und liegt 966 m hoch zwischen Straße und Bahn. Er ist 0,25 km^2 groß und dient als Wasserstandsregulator für das Schluchsee-Kraftwerk (s. S. 55).

Der *Schluchsee* (s. S. 55) wird dann im Ortsteil *Unteraha,* 14 km, erreicht, und nach 5 km landschaftlich reizvoller Fahrt auf der parallel zur Bahnstrecke dicht am See entlangziehenden Bundesstraße kommt man in den Ort

Schluchsee (930 m; 2750 Einw.), 19 km, der – ebenso wie der See – als Ausgangsort der Route 12 schon auf Seite 55 beschrieben ist.

Man verläßt den Ort Schluchsee am Südostufer des Sees über *Seebrugg,* 12 km, den Endpunkt der „Dreiseenbahn", nach *Häusern,* 29 km, mit dem gleichnamigen Schwarza-Kraftwerk (s. S. 55). Hier trennen sich die Hauptroute, die über Höchenschwand nach Waldshut führt, und die Alternativstrecke durch das Albtal zum Oberrhein bei Albbruck.

Von Häusern aus geht es auf der Hauptroute südwärts in den heilklimatischen Kurort

Höchenschwand (1015 m; 2100 Einw.), 32 km, dessen Ortsteile *Amrigschwand* und *Strittberg* wenige Kilometer östlich der Hauptstraße liegen, während *Frohnschwand* (940 m) und *Tiefenhäusern* (895 m) bei der Weiterfahrt in Richtung Süden unmittelbar berührt werden. Von dem auf einem Hochplateau zwischen Albtal und Schwarzatal gelegenen Ort bietet sich eine weite Fernsicht bis zu den Schweizer Alpen. Durch die westliche Umgehungsstraße bleiben Höchenschwand und seine an der B 500 liegenden Ortsteile frei vom Nord-Süd-Durchgangsverkehr.

Prachtvolle Aussicht bietet die ostwärts führende, 3,5 km lange **Panoramastraße* nach Strittberg, Amrigschwand und Attlisberg.

ⓘ Kurverwaltung, Haus des Gastes, 7821 Höchenschwand, Tel. (07672) 2547. – 🚌.

🏨🏨 „Porten-Hotel Kurhaus Höchenschwand".

🏨 „Hotel Fernblick"; „Hotel Alpenblick"; „Hotel Steffi".

⌂ „Gasthof zum Hirschen"; „Gasthof zur Post". – 🏊; ⛵ beheizt.

Vorbei an den Ortsteilen *Frohnschwand* (Gasthof) und *Tiefenhäusern* (Pension), 35 km, geht die Fahrt weiter nach Süden. Zwischen den Orten *Bannholz* (739 m), 39 km, im Osten und *Remetschwiel* im Westen hindurch zieht die Bundesstraße über den Höhenzug des östlichen *Hotzenwaldes* (s. S. 53) mit dem aussichtsreichen *Gupfen* (778 m) hinweg in die nördlichen Ortsteile von Waldshut, von denen *Waldkirch* (687 m; Gasthof), 41 km, direkt an der B 500 liegt.

Im westlichen Stadtgebiet stößt diese Route dann auf die Oberrhein-Uferstraße B 34 und endet in der Stadtmitte von

***Waldshut** (341 m; 22000 Einw.; Stadtbeschreibung auf S. 24) nach 49 km ab Titisee.

*

Von *Häusern* aus (s. links), 29 km, besteht die Möglichkeit, das landschaftlich besonders reizvolle Albtal als Alternativstrecke zu wählen. Diese Route erreicht nach 58 km bei Albbruck den Oberrhein. Bis Waldshut ist sie insgesamt 17 km länger als die vorerwähnte Hauptroute.

Man verläßt Häusern in westlicher Richtung nach

St. Blasien (762 m; 4200 Einw.), dessen Beschreibung bei Route 12 auf Seite 55 zu finden ist. Vom Ostrand des Kurortes, 32 km, zieht das *Albtal* südwärts. Seine Ortschaften gehören bis Niedermühle heute zur Gemeinde St. Blasien.

Bald nach der Abzweigung ist die Alb bis *Schmelze*, einem ehemaligen Eisenwerk, zum *Albsee* aufgestaut. Es folgen *Oberkutterau* (725 m) und *Unterkutterau* (685 m), wo der Urbach einmündet (in Kutterau Gasthof und Pension), *Immeneich* (628 m; Gasthof) und *Niedermühle* (Pension), 42 km.

Die sich anschließende Teilstrecke ist bis Hohenfels weitgehend in den Fels eingesprengt und gehört zu den schönsten Abschnitten dieser Talstraße. Vorbei an der *Burgruine Rihburg* gelangt man jetzt nach

Tiefenstein (498 m; 300 Einw.; ⌂), 51 km, einem Ortsteil des westlich vom Albtal gelegenen Luftkurortes *Görwihl* (Hotels) und weiter – das Tal verengt sich hier zur Schlucht – nach

Hohenfels, 54 km, wo sich die Talenge nun zum Oberrhein hin öffnet. Rechts und links der Straße liegen die Albbrukker Ortsteile *Buch* und *Schachen* (beide mit Gasthöfen). – Die Beschreibung von

Albbruck (322 m; 6000 Einw.), 58 km, erfolgt bei der Oberrhein-Route 15 (s. S. 63), mit der auch der Anschluß von Albbruck und damit von der Alternativstrecke durch das Albtal zum eigentlichen Zielort, nach

Waldshut (340 m; 22000 Einw.), 66 km, erreicht wird.

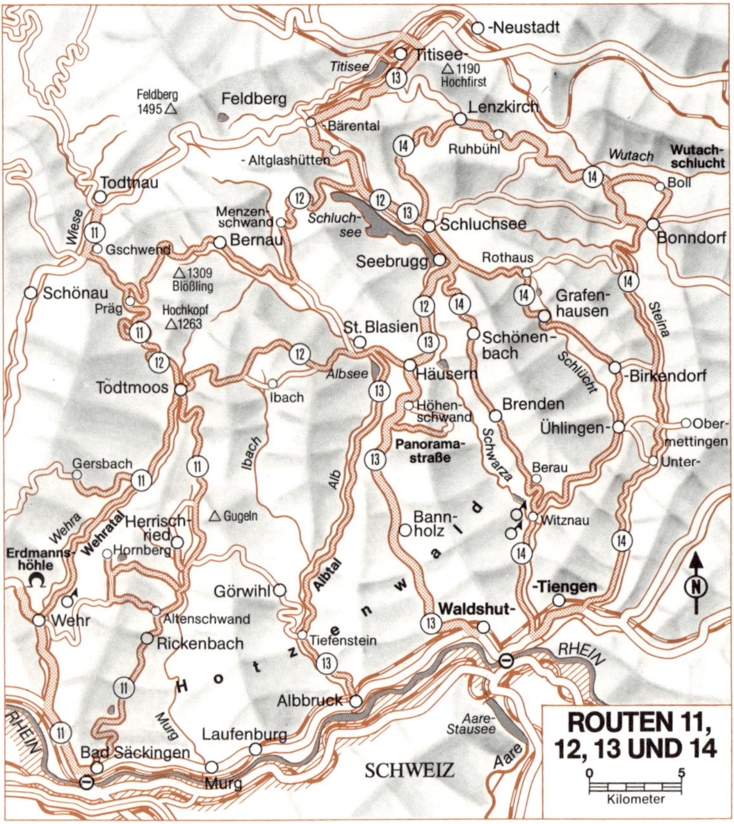

Route 14: (Waldshut-)Tiengen – Schluchsee – Lenzkirch – Bonndorf – (Waldshut-)Tiengen (81 km)

Karte S. 58.

Als Ausgangspunkt ist hier

Tiengen, der Ostteil der Doppelstadt *Waldshut-Tiengen,* gewählt, deren Beschreibung auf Seite 24 beginnt. Es geht zunächst nordwärts im Tal der *Schlücht*, die dem Schlüchtsee bei *Rothaus* (s. S. 60) entspringt, vorbei an den Burgruinen *Gutenberg* und *Isnegg,* nach

Witznau, 7 km, mit *Witznauer Mühle,* ehemaligem *Kloster* und *Witznau-Stausee* als Stufe des Schluchsee-Kraftwerks (s. S. 55). Hier trennen sich die Wege dieses Routenvorschlages und der später vorgestellten Alternativstrecke durch das Schlüchttal. Die Fahrt geht nordwestwärts in Richtung Schluchsee über *Bernau*, einen westlichen Ortsteil von *Ühlingen* (s. S. 60), und *Brenden* (900 m), 15 km, nach *Staufen* und *Schönenbach*, 20 km, dem südlichsten Gemeindeteil von Schluchsee. Nördlich von Schönenbach liegt ostwärts dicht an der Straße der *Hochstaufen* (1095 m). – Bei

Seebrugg, 25 km, erreicht die Route das südöstliche Ende des *Schluchsees* (von hier aus kann man abkürzend die folgende große Runde unter Verzicht, auf die Orte Schluchsee und Lenzkirch auch etwas verkleinern und über *Rothaus* – s. S. 60 – direkt nach *Bonndorf* hinüberfahren). Unsere Rundfahrt folgt dem nördlichen Seeufer bis zum Ort

Schluchsee (930 m; 2750 Einw.), 27 km, dessen Beschreibung auf Seite 55 zu finden ist. Hier besteht Übergangsmöglichkeit zwischen den Routen 12, 13 und 14.

Vom Schluchsee führt im Zuge dieser Route jetzt eine reizvolle Straße nordwärts nach dem heilklimatischen Kurort

Lenzkirch (810 m; 4500 Einw.), 37 km, der nur 7 km vom Titisee entfernt liegt und den nördlichsten Punkt dieser Route bildet. Zu Lenzkirch gehören die Ortsteile *Grünwald* (915 m), *Kappel* (889 m), *Raitenbuch* (an der Straße nach Altglashütten s. S. 57) und *Saig* (988 m) am Fuße des *Hochfirst* (1190 m).

Das neue Lenzkircher *Kurhaus* umfaßt „alles unter einem Dach“ von der Information über Kurmittelanwendungen bis zu den „Lenzkircher Heimatstuben“.

ⓘ Kurverwaltung, 7825 Lenzkirch, Tel. (07653) 68439. – 🚌.

🏨 „Hotel Ursee“, Grabenstraße; „Hotel Ruhbühl“.

🏨 „Hotel Adler-Post“, Grabenstr. 18; „Hotel Vogt“, Am Kurpark 7; „Gasthof Straub“, Neustädter Str. 3; „Hotel-Pension Margaretenhof“, Kol.-Kayser-Straße.

⛺ Kurcampingplatz „Kreuzhof“ in Ruhbühl.

🏊 im Feriendorf Ruhbühl; 🏊 beh.

Von Lenzkirch-Ortsmitte geht die Fahrt auf der B 315 südostwärts, am *Feriendorf Ruhbühl*, 40 km, und an der Abzweigung nach *Grünwald* vorbei, in Richtung Bonndorf, dessen erste Ortsteile schon bald folgen. An der Bundesstraße liegen *Holzschlag* (Hotel, Gasthöfe, Pensionen; Tiergehege) und *Gündelwangen* (Gasthöfe), bevor man zu einer der landschaftlichen Hauptsehenswürdigkeiten dieses Gebietes, der

***Wutachschlucht,** abzweigen kann. Das unter Naturschutz stehende Tal der Wutach erstreckt sich von Titisee-Neustadt etwa 20 km ostwärts. Die Wutach, auch als „Wilde Wutach“ bezeichnet, entfließt dem Feldsee und mündet als *Seebach* in den Titisee, verläßt diesen als *Gutach* und trägt erst nach ihrer Vereinigung mit der *Haslach* schließlich den Namen *Wutach*. Der Fluß ist streckenweise von über 50 m hohen Kalksteinfelsen eingeschlossen.

Wutachschlucht

14

Eine technische Attraktion ist die **Wutachtalbahn* (Museumsbahn) zwischen *Blumberg* und *Weizen* mit ihren Viadukten und Deutschlands einzigem Kreiskehrtunnel.

Die Wutachschlucht beginnt beim Bonndorfer Ortsteil *Boll* (Gasthof), zu dessen Sehenswürdigkeiten auch die *Burgruinen Boll* (720 m) und *Tannegg* am Rande des Wutachtals zählen. Der Ortsteil Boll liegt etwa 3 km nördlich von

Bonndorf (850 m; 5200 Einw.), das man ebenso direkt auf der B 315, 53 km, erreichen kann; der Umweg über Boll ist 2 km weiter. Bonndorf ist heute Luftkurort. Die Herrschaft Bonndorf gehörte seit 1609 zur Abtei St. Blasien. 1848 war hier das Hauptquartier des Freischärlers Hekker. Zum Brauchtum des Ortes zählt die „Bonndorfer Fasnet" mit historischen Masken. Im Mittelpunkt des Städtchens steht das ehemalige *Schloß,* das jetzt neben Stadtbibliothek mit Leseraum auch dem *Kreismuseum* mit einer Narren-Miniatur-Sammlung, den „Schloß-Narrenstuben", Raum bietet. – Am Nordrand des Ortes findet man ein *Tiergehege*.

ⓘ Tourist-Informations-Zentrum, 7823 Bonndorf, Schloßstr. 1, Tel. (07703) 7607. – 🚌

⌂⌂⌂ „Schwarzwaldhotel", Rothausstr. 7.

⌂⌂ „Hotel Sonne", Martinstr. 7; „Hotel Obere Alp"; „Pension Bonndorfer Hof", Bahnhofstr. 2.

⛺ Waldallee 19. – 🏊; ≈ beh.

Unsere Route verläßt Bonndorf und damit auch die B 315 nach Südwesten, führt dabei durch den Ortsteil *Steinatal* (Hotel, Gasthof) und zieht später, an *Wittlekofen* (Gasthof) vorbei, südwärts im von Wäldern umschlossenen Wiesental der *Steina*; diese entspringt bei Dresselbach nahe Schluchsee und mündet östlich von Tiengen in die Wutach. Am Ostrand des Tals sieht man die Ruinen der Schlösser *Steinegg* und *Roggenbach*.

Bei km 64 der Route zweigt eine Straße westwärts nach Birkendorf ab, dann folgen *Obermettingen* (Pensionen; ⛺ „Steinatal"), 68 km, von dem eine weitere Querstraße nach *Ühlingen* führt, und

Untermettingen (518 m; Gasthof), 71 km; beide sind Ortsteile von *Ühlingen-Birkendorf* (s. rechts). – Über die Stadtteile *Detzeln* (404 m) und *Breitenfeld* endet die Route jetzt in

(Waldshut-)Tiengen, 81 km, dessen Beschreibung auf Seite 25 zu finden ist.

Innerhalb des großen Ovals dieser Route gibt es zwei Alternativstrecken: Man kann von Witznau aus weiter dem Schlüchttal über Ühlingen-Birkendorf und Grafenhausen bis Rothaus folgen oder von Schluchsee-Seebrugg aus über Rothaus nach Bonndorf abkürzen.

Wer sich für die einige Kilometer längere Fahrt durch das Schlüchttal entschließt, verläßt

Witznau (s. S. 59), 7 km von Tiengen, in nordöstlicher Richtung nach

Ühlingen (644 m; Teil der Doppelgemeinde Ühlingen-Birkendorf mit zusammen 4400 Einw.), 17 km von Tiengen, einer der ältesten Siedlungen im Südlichen Schwarzwald, die heute auch *Obermettingen* und *Untermettingen* (s. links) sowie *Hürrlingen* (⌂) und *Riedern* (⌂) umfaßt. Kurgarten und Mehrzweckhalle gehören zu den Angeboten des Erholungsortes.

ⓘ Verkehrsamt, 7899 Ühlingen, Tel. (07743) 5511. – 🚌.

⌂⌂ „Gasthof Posthorn". – ⌂ „Gasthof zur Alten Post".

≈ beheizt.

Birkendorf (800 m; 1100 Einw.), 21 km; der Luftkurort liegt zwischen Schlüchttal und Steinatal. Kurgarten und Haus des Gastes findet man in der Ortsmitte, ein Tiergehege ebenfalls dort in der Nähe der Kurverwaltung.

ⓘ Kurverwaltung, Schwarzwaldstr. 44, 7899 Birkendorf, Tel. (07743) 380.

⌂⌂ „Gästehaus Sonnenhalde"; „Pension Sonnenhof"; „Gasthof zum Hirschen". – ⛺.

🏊 in „Sonnhalde". – ≈ Waldschwimmbad (beheizt).

Grafenhausen (895 m; 1950 Einw.), 27 km, ist ein weiterer Luftkurort. Von seinem Ortsteil *Rothaus*, 29 km, kann man nun westwärts *Seebrugg* am Schluchsee, 33 km, oder *Bonndorf* (s. links), 39 km, ostwärts auf direktem Wege erreichen.

In Rothaus liegt unweit der Straßeneinmündung das *Heimatmuseum Hüsli*, eine beachtenswerte Sammlung von Schwarzwälder Volkskunst.

ⓘ Kurverwaltung, 7821 Grafenhausen, Tel. (07748) 265.

⌂⌂⌂ „Kurhaus Rothaus".

⌂⌂ „Hotel Bergkrone"; „Hotel Tannenmühle". – ⛺. – ≈.

Route 15: Grenzach-Wyhlen/Lörrach – Rheinfelden – *Bad Säckingen – Laufenburg – Waldshut-Tiengen (64 km)

Grenzach-Wyhlen (280 m; 12500 Einw.), südlich von Lörrach gegenüber dem schweizerischen *Augst* (Rheinkraftwerk Augst-Wyhlen mit Stauwehr und Schiffahrtschleuse von 1907–1912), ist vor allem Chemie-Industrieort.

Von dort auf der B 34 oder von *Lörrach*, dessen Stadtbeschreibung mit Plan auf Seite 22 zu finden ist, auf der B 316, an *Inzlingen* mit Schloß Reichenstein vorbei, über die westlichen Ausläufer der Dinkelsberghöhen, erreicht man bei gleicher Entfernung den Oberrhein in

Rheinfelden (283 m; 29000 Einw.), 14 km. Die heutige „Große Kreisstadt" (Stadtrecht seit 1922) wurde 1898 gegründet, nachdem das erste Flußwasser-Kraftwerk Europas hier zur Ansiedlung von Industrie geführt hatte.

Rheinfelden, das in der Mitte der siebziger Jahre nach zahlreichen Eingemeindungen seine Bedeutung als zentraler Ort erhielt, ist Endhafen der Rheinschiffahrt.

Auf der gegenüberliegenden Rheinseite (Brückenverbindung) besteht die gleichnamige Nordschweizer Schwesterstadt schon seit dem Mittelalter. Sie ist ein hübscher Kurort mit Solequellen, und ihre Sehenswürdigkeiten, u. a. ein *Automobilmuseum*, werden auch vom badischen Rheinfelden aus besucht.

ℹ Stadtverwaltung, Kirchplatz 2, 7888 Rheinfelden (Baden), Tel. (07623) 951.

Basel-Badischer Bahnhof – Waldshut.

„Hotel Danner", Alte Landstr. 2; „Hotel Oberrhein" (garni), Werderstr. 13. – und .

Bei der Weiterfahrt kommt man unweit des Rheinknies bei *Beuggen*, 18 km, am gleichnamigen *Deutschordensschloß* vorbei. Bei Beuggen ist auch die *Tschamberhöhle* beachtenswert, eine durch Erosion entstandene Höhle, die jedoch nur zu bestimmten Zeiten besucht werden kann.

Der nächste größere Ort ist

Schwörstadt (286 m; 2500 Einw.;), 24 km, zu dem auch die 4 km nördlich am Osthang des Dinkelberg-Höhenzuges gelegene Ortschaft *Dossenbach* gehört. In dem durch zahlreiche Funde als uralter Siedlungsraum erkannten Gebiet ist der *Heidenstein*, vorgeschichtliche Reste einer Grabkammer aus der Zeit zwischen 3000 und 2000 v. Chr., die Hauptsehenswürdigkeit.

Am Ostrand des Ortes liegt ein *Schloß* der Freiherren von Schönau, auf der anderen Seite des Rheins findet man Überreste römischer Kastelle.

Knapp 3 km östlich von Schwörstadt mündet die B 518 von *Schopfheim* über *Wehr* (s. S. 51 und S. 54) in die Rheinuferstraße, bevor diese, von Nordwesten hineinzieht nach

*BAD SÄCKINGEN

(292 m; 15000 Einw.), 32 km, das nicht zuletzt durch Victor von Scheffels (1826–1886) Versepos „Trompeter von Säckingen" über die Grenzen des Landes hinaus bekannt wurde.

Schon um 500 soll hier ein Kloster gegründet worden sein. Der Ort wird 929 erstmals urkundlich bezeugt und erhielt 1250 Stadtrechte. Säckingen gehörte später zum österreichischen Breisgau und kam 1806 zu Baden. Zu Ehren von St. Fridolin, dem Klostergründer und Stadtpatron, wird alljährlich im März das „Fridolinsfest" gefeiert.

Sehenswürdigkeiten

Die Hauptsehenswürdigkeiten von Bad Säckingen (mit Kurzentrum) liegen dicht beieinander am Fluß oder unweit seines Ufers. Das gotische

***Fridolinsmünster** ist als ehemalige Nonnenstiftskirche im 14./15. Jahrhundert entstanden und nach einem Brand im Jahr 1678 von 1681–1698 wieder aufgebaut worden. Ein Feuer in unserem Jahrhundert (1926) erforderte abermals Erneuerungsarbeiten von 1927–1929. An der Außenwand des Chors findet man einige *Grabsteine*, darunter auch den des „Trompeters von Säckingen".

Die meist barocke Innenausstattung der Kirche stammt größtenteils aus dem 18. Jahrhundert, so die *Kanzel* von 1719 und der *Hochaltar* von 1721. Das *Chorgestühl* ist älter und wurde schon 1682 geschaffen.

15

Bad Säckingen: Rheinbrücke und Fridolinsmünster

Erwähnenswert sind außerdem die *Wand- und Deckengemälde,* die u. a. das Leben von St. Fridolin darstellen, sowie die beiden Seitenkapellen – *Apostelkapelle* und *Schutzengelkapelle* – und die *Schatzkammer* mit beachtlichen Einzelstücken aus der Kirchengeschichte. – Nahe beim Münster überquert die

***Rheinbrücke** als längste gedeckte Holzbrücke Europas den Fluß. Sie ist 220 m lang und wurde zwischen 1570 und 1580 erbaut. Von der Brücke (Grenzübergang) hat man den schönsten Blick auf das Münster und das Uferbild der Stadt. – Am Rhein liegt ebenfalls das

Schloß Schönau, auch als „Trompeterschlößchen" bezeichnet. Der ursprünglich romanische, aber mehrfach veränderte Bau ist der Schauplatz von Scheffels „Trompeter von Säckingen". Im Schloß ist heute das

Trompetenmuseum mit der umfassendsten Trompetensammlung Europas untergebracht.

Zu den Sehenswürdigkeiten der Stadt gehören auch der *Gallusturm* (1343) und der *Diebsturm* als Reste der alten Stadtbefestigung, das *Scheffelhaus*, wo der hier als Amtsrevisor tätige Dichter 1850/51 lebte, ein *Wildgehege* und das *Rheinkraftwerk*.

Bad Säckingen gegenüber liegt das schweizerische *Stein* (nächste Autobahnanschlußstelle an der Schweizer N 3 ist Eiken).

🛈 Kurverwaltung, Waldshuter Str. 20, 7880 Bad Säckingen, Tel. (07761) 51316.

🚌 Basel-Badischer Bahnhof – Waldshut.

🏨🏨 „Appart-Hotel Scheffeleck", Schnekkenhalde 1; „Hotel Goldener Knopf", Rathausplatz 9; „Hotel zur Flüh", Weihermatten 38.

🏨 „Hotel garni Schneckenhalde", Schneckenhalde 12; „Hotel Schneider", Gießenstr. 21; „Gasthof Hirsch", Schaffhauser Str. 64; „Hotel Kater Hiddigeigei", Tanzenplatz 1.

🏊 beheizt. – Golfplatz.

Die B 34, der unsere Fahrt nun von Bad Säckingen aus weiter ostwärts folgt, wird jetzt auf dem schweizerischen Rheinufer bis zum Routenende bei Waldshut von der Schweizer Nationalstraße 7 begleitet, so daß man auch einen Teilabschnitt auf der Südseite des Flusses zurücklegen kann (Grenzübergänge in Bad Säckingen, Laufenburg und Koblenz bei Waldshut).

Am badischen Nordufer folgt als nächste Wegstation vor den Hotzenwaldhöhen

Murg (320 m; 6400 Einw.), 39 km, Erholungsort an der Mündung der Murg, die südlich von *Wehrhalden* (s. S. 53) entspringt. 6 km nördlich des Ortes liegt im Murgtal die *Ruine Wieladigen*. Man kann von den *Lehnbach-Wasserfällen* aus zu den Resten der 1250 entstandenen Burg (Tor und Bergfried) hinaufsteigen; schöner Rundblick.

🛈 Bürgermeisteramt, 7886 Murg, Tel. (07763) 8090.

🚌 Basel-Badischer Bahnhof – Waldshut.

🏨 „Gasthof Fischerhaus", Fährstr. 15.

🏠 „Gasthof Adler", Hauptstr. 34.

🏊 beheizt.

Nachbarort von Murg ist das früher nach den Stromschnellen des Rheins als „Laufen" bezeichnete

Laufenburg (313 m; 7500 Einw.), 42 km, dessen Rheinbrücke (Grenzübergang) zur gleichnamigen schweizerischen Schwesterstadt hinüberführt.

Der Ort entstand als römische Siedlung, kam im Mittelalter in den Besitz des Klosters Säckingen, war Sitz der Grafen von Habsburg-Laufenburg und gehörte lange zu Vorderösterreich. Der nördlich des Flusses gelegene Teil hieß bis 1802, als er zu Baden kam, Klein-Laufenburg.

Sehenswert sind hier das große *Wasserkraftwerk* mit zehn Turbinen und 57000 Kilowatt Leistung ebenso wie der *Oftringer Fels* in den Anlagen am Rhein, der zu einem Kriegerehrenmal gestaltet wurde, mit schönem Ausblick. Auch die Burgruinen *Habsburg-Laufenburg* und *Hauenstein* (s. unten) gehören zu den beachtenswerten Punkten.

Verkehrsamt, Waldshuter Str. 3, 7887 Laufenburg, Tel. (07763) 4140.

Basel-Badischer Bahnhof – Waldshut.

„Hotel Rebstock“, Hauptstr. 28; „Hotel Alte Post“, Andelsbachstr. 6a.

„Pension-Ferienheim Schlößle“, Säkkinger Str. 5. – beheizt.

Vorbei am heutigen Laufenburger Ortsteil *Hauenstein* (), der mit 150 Einwohnern einmal als Deutschlands kleinste Stadt galt, mit der 1503 ausgebrannten *Burgruine,* steuert die Route nun

Albbruck (324 m; 6000 Einw.), 50 km, an, wo mit dem Albtal auch die auf Seite 58 beschriebene Alternativstrecke der Route 13 einmündet; an ihr liegen die Albbrucker Ortsteile *Buch* und *Schachen*. In Albbruck führt ein Fußgängersteg über den Rhein zum gegenüberliegenden schweizerischen Ort *Schwaderloch*. Beachtenswerte *Gletschermühle* am Rhein sowie romanische *Kirche* (11. Jh.) in *Birndorf.*

Das *Rheinkraftwerk,* an dem die Route östlich von Albbruck vorbeizieht, wurde 1929–1934 erbaut und besitzt eine Leistung von 80 MW.

Gemeindeverwaltung, 7892 Albbruck, Tel. (07753) 4910.

Basel-Badischer Bahnhof – Waldshut.

„Hotel Lamm“, Albtalstr. 31. – Weitere Unterkünfte in den Ortsteilen Birndorf, Buch und Schachen. – beheizt.

Am schon erwähnten *Kraftwerk Albbruck-Dogern,* 53 km, vorbei erreicht diese badische Oberrhein-Route nun die alte Grenzstadt

Waldshut-Tiengen (341 m; 22000 Einw.), 57 km, deren Beschreibung als Doppelstadt auf Seite 24 zu finden ist; Tiengen liegt 7 km östlich von Waldshut.

Hier beginnt der

Klettgau, eine fruchtbare Hügellandschaft im Südosten des Schwarzwaldes, von der ein Teil zum Kreis Waldshut, der Rest zum Schweizer Kanton Schaffhausen gehört. Erwähnenswerte Orte sind neben *Tiengen* (s. oben) das an dieses fast direkt anschließende *Lauchringen* und die Großgemeinde

Küssaberg (4600 Einw.) mit den Rheinufer-Ortsteilen und Erholungsorten *Kadelburg* und *Rheinheim*, bis zu denen die Fahrt am nördlichen Flußufer über Waldshut hinaus auf Nebenstraßen fortgesetzt werden kann. Kadelburg war in früheren Zeiten eine wichtige Zollstation am Rhein. Gegenüber von Rheinheim (Brücke mit Grenzstation) liegt die Schweizer Stadt *Zurzach* mit Thermalbadeanlagen und zahlreichen beachtenswerten Gebäuden.

Beim Ortsteil *Bechtersbohl* (3 km nordöstlich von Rheinheim) geht es in Serpentinen hinauf zur Ruine der *Küssaburg* (629 m), dem höchsten Punkt des Gebietes. Die mächtige Burganlage geht auf das 10. Jahrhundert zurück und wurde 1653/54 zerstört. Turm, Brückentor und Mauerteile sind noch erhalten und lohnen einen Besuch ganz abgesehen von dem weiten Rundblick, der sich von der Ruine bietet.

Verkehrsverein, 7897 Küssaberg, Tel. (07741) 63280. – .

„Gasthof Küssaburg“, Bechtersbohl; „Gasthof Auerhof“, Rheinheim. – Pensionen in Dangstetten, Kadelburg und Rheinheim.

„Hochrhein“ in Kadelburg (ganzj.).

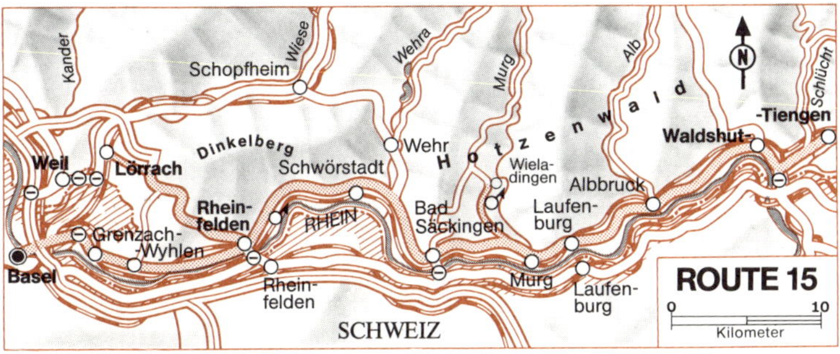

15

Register